*Der Zytglogge Verlag wird vom Bundesamt für Kultur mit einem Strukturbeitrag für die Jahre 2021–2024 unterstützt.*

*In verdankenswerter Weise haben die folgenden Institutionen den Druck dieses Buches massgeblich unterstützt:*

*Pestalozzianum. Stiftung für Bildung, Schule und Dialog*

*Zentrum Mündlichkeit, Pädagogische Hochschule Zentralschweiz PHZ Zug*
*www.zentrum-muendlichkeit.ch*

*Lotteriefonds Kanton Thurgau*

Eva Zoller Morf

# Selber denken macht schlau

Für aktuelle Informationen über Bilderbücher und Fachliteratur zum Philosophieren mit Kindern und Jugendlichen besuchen Sie die erneuerte Webseite der Dokumentationsstelle «Käuzli» von Eva Zoller Morf: www.kinderphilosophie.ch

MIX
Papier aus verantwortungsvollen Quellen
FSC® C014138
www.fsc.org

4. Auflage 2021


Lektorat: Ursula Pinheiro-Weber
Korrektorat: Monika Künzi, Jakob Salzmann
Fotos: Robert Morf-Zoller, Tina Steinauer
Gestaltung/Satz: Manfred Neugebauer
Druck: Finidr, Tschechische Republik
ISBN 978-3-7296-5080-0

www.zytglogge.ch

Eva Zoller Morf

# Selber denken macht schlau

## Philosophieren mit Kindern und Jugendlichen

### Anregungen für Schule und Elternhaus

ZYTGLOGGE

# Vorwort

Vor langer Zeit stellte der griechische Philosoph Platon fest: «Philosophieren beginnt dann, wenn wir uns wundern». Wer in nahem Kontakt mit kleinen Kindern steht, kann das Aufblühen solchen Staunens hautnah miterleben. Fragen über Fragen stellen sich den Weltneulingen, und wie sehr bräuchten wir alle, dass diese ursprüngliche Neugier weiter wachsen und sich entfalten könnte. Eltern und Lehrpersonen haben die Möglichkeit und auch die Verantwortung, diese wunderbaren Fähigkeiten zu fördern und zu unterstützen, was sowohl die Erwachsenen wie die Kinder bereichern wird: Für das Kind ist es eine wundervolle Erfahrung, sich mit einer geliebten Bezugsperson in einen Tanz des gemeinsamen Forschens und Erkundens zu begeben, dessen Ausgang niemand voraussehen kann. Für die Erwachsenen ist es eine herrliche Gelegenheit, sich wieder einmal an längst vergessene oder verloren geglaubte Fragen der eigenen Kindheit zu erinnern. Beide lernen voneinander und gehen mit tieferem Verständnis und grösserer Wertschätzung auseinander. In fruchtbaren Gesprächen stärken sie ihre Beziehung und bilden damit das Fundament für eine unterstützende Begleitung durch die vielen Abenteuer und Schwierigkeiten, die das Leben für uns alle unausweichlich bereit hält.

Solche Begegnungen mit Kindern sind im besten Sinne philosophisch, denn – wie Sokrates einst bemerkte – Philosophie ist Hingabe an ein reflektiertes Leben: Man nimmt nicht alles für selbstverständlich und gegeben hin, sondern greift aktiv in die Gestaltung und Entfaltung des eigenen Lebens ein. Das Leben ist ein Geschenk und ein Geheimnis. Kinder scheinen das ganz intuitiv zu spüren. Ihre Fragen sind eine Chance für uns, gemeinsam diesen philosophischen Raum zu betreten, die Tiefen der Fragen zu ergründen und uns an mögliche Antworten heranzutasten.

Solche Gedankenreisen bringen unsere eigene »kleine Philosophie» ans Licht. Sie zeigen, wie wir auf eigene Weise versuchen, die Welt zu verstehen und unseren Erfahrungen Sinn abzugewinnen. Die Freude durch solche alltagsphilosophischen Begegnungen wächst, wenn wir gemeinsam mit den Kindern die Gedanken weiterspinnen und uns überraschen lassen von der Richtung, die sie nehmen werden. Das Entscheidende aber ist, dass Kinder immer zuversichtlicher wagen, sich eigene Meinungen zu bilden über Dinge, die ihnen wichtig sind, Meinungen, die geschmiedet wurden in intensiver Auseinandersetzung mit jenen Personen, die ihnen am meisten bedeuten: ihren Eltern, Grosseltern, Lehrpersonen, Freunden und Freundinnen.

Es gab eine Zeit, wo man Kinder vor allen dunklen Seiten der Welt schützen wollte. Vor der heutigen medien- und informationsgesättigten Zeit war die Idee eines «Kinder-Gartens» als sicherer Ort eher denkbar. In meiner Arbeit mit sehr kleinen Kindern in Hawaii, Kindern aus den vielfältigsten kulturellen und sozialen Verhältnissen, bin ich täglich neu schockiert, wenn ich höre, was diese Kinder schon wissen und denken über die Ereignisse auf der Welt. Sie wissen es aus Filmen, vom Fernsehen, durch Video-Spiele und von persönlichen Erfahrungen. Diesen oft belastenden Erlebnissen etwas Hilfreiches entgegenzusetzen, ist sehr anspruchsvoll. Umso mehr ist eine Zusammenarbeit zwischen Elternhäusern und Schule erforderlich, damit wenigstens Reste des fürsorglichen «Gartens» erhalten bleiben, sowohl in freundlichen Klassenzimmern als auch in den Familien, wo man gemeinsam und in emotionaler und intellektueller Sicherheit all den Fragen und Rätseln der Welt nachgehen kann. Obwohl dies nicht immer einfach ist, erweist es sich doch als eine sehr lohnende und freudvolle Aufgabe.

Liebe Eltern, Lehrpersonen und weitere interessierte Erwachsene!

Mit Eva Zoller Morfs Buch haben Sie einen wichtigen Leitfaden für dieses Abenteuer in der Hand. Die Früchte ihrer Jahrzehnte langen Erfahrungen mit Kindern von drei bis dreizehn Jahren sowie aus der Arbeit mit Eltern, Kindergärtnerinnen, Studierenden und Lehrpersonen aller Stufen, die sich in tiefgründige philosophische Gespräche mit Kindern einlassen wollen, sind hier gesammelt. Ihr Buch liefert eine ansehnliche Auswahl an konkreten Vorschlägen, wie man dabei vorgehen kann. Es führt Sie ein in den Gebrauch der spezifischen philosophischen Denkwerkzeuge und zeigt mit vielen Beispielen, wie Kinder damit umgehen. Kindergärtnerinnen, Eltern und Grosseltern werden die Fülle an empfohlenen Kinderbüchern schätzen, Unterrichtende die erwähnten Lehrmaterialien sowie die methodischen und didaktischen Hinweise. Und bestimmt werden Sie die psychologischen und pädagogischen Tipps für den Umgang mit den herausfordernden Fragen der Kinder, insbesondere zu moralischen oder religiösen Themen, sehr hilfreich finden.

Ich lade Sie ein, sich gemeinsam mit Kindern auf das philosophische Abenteuer einzulassen: das Abenteuer des reflektierten Lebens!

*Thomas Jackson*
*Philosophie-Professor der*
*Universität von Honolulu, Hawaii*

# Inhalt

***Einleitung S. 12***
Grosse Fragen für kleine Philosophinnen und Philosophen

## Teil I: Philosophieren mit Kindern anhand von Kinderfragen und Bilderbüchern

***1. Von den grossen Fragen der kleinen Kinder S. 17***
Nur eine kleine Frage? – «Wo war ich, bevor ich bei dir war, Mama?»
Oder doch eine ganz grosse Frage? – «Warum bin ich da?»
Wie aus einer kleinen Frage eine grosse wird: «Wer hat das Leben gemacht?»
Zusätzliche Literatur zu Kinderfragen – Nicht nur für Kinder!
Tipps zum Umgang mit Kinderfragen

***2. Selber denken macht schlau! Einführung in die «Werkzeugkiste der schlauen Denker» S. 31***
Nicht alle Kinder fragen so viel! – Sollten sie denn?
So philosophieren Kinder in Hawaii – Wie man eine gute Gesprächskultur aufbaut
Einführung in den Gebrauch der Werkzeuge
Literaturtipps zur Kinderphilosophie nach Thomas Jackson

***3. Mit Kinderbüchern Gespräche anzetteln S. 43***
Wer bin ich? – Philosophieren mit Bilderbüchern zur Identität
Du bist anders, du gehörst nicht dazu! Anleitung für Gespräche
Weitere zum Philosophieren geeignete Themen in Bilderbüchern
Bilderbücher zum Ich und Du und Anderssein

## Teil II: Philosophieren über Fragen der Ethik und dabei soziale und emotionale Kompetenzen fördern

***4. Nachdenken über Wünsche und Werte S. 63***
Warum kann ich das nicht haben? Warum darf ich nie ...?
Wozu über Werte nachdenken? – Was für ein Mensch will ich sein?
«Caring Thinking» und die «Community of Inquiry»
Bilderbücher zu Freundschaft und Glück

**5. *Über Gefühle philosophieren?* *S. 73***
Psychologie oder Philosophie?
Eine Sprache für Gefühle finden – Gefühle sind wie Farben!
Philosophieren über Angst und Mut mit Kindern von etwa 6 bis12 Jahren
Wie ist das eigentlich genau mit der Wut? Was darf sie? Was nicht?

**6. *Moralische Erziehung «auf Philosophisch»* *S. 83***
Wie sollen wir leben? Wer bestimmt, was gut ist?
Warum muss ich eigentlich immer ...? Warum soll man nicht ...?
«Kinder, hört auf zu streiten!»: Philosophieren statt moralisieren!

**7. *Philosophieren über Gerechtigkeit* *S. 95***
Was du nicht willst, dass man dir tu ... – Stimmt die Goldene Regel immer?
Gerechtigkeit hat viele Gesichter! – Was Philosophen über Gerechtigkeit denken
Literatur zur Ethik über Gerechtigkeit, über das Lügen und weitere moralische Themen

## Teil III: Existenzielle Fragen Was können wir wissen? Was dürfen wir hoffen?

**8. *Religiöse Fragen philosophisch angehen* *S. 107***
Wissen, glauben oder philosophieren? – Vom Mythos zum Logos
Philosophieren über Wahrheit – Was ist das denn überhaupt?
– Was ist wirklich wahr? – Zweitklässler/-innen über «7 blinde Mäuse»
– Woher kommt die Welt? – Wie Jugendliche darüber denken
– «Warum sehen wir Gott nicht?» – Gedanken eines «erwachsenen Kindes»
Philosophische Kinder- und Jugendliteratur zu religiösen Themen

**9. *Philosophieren heisst sterben lernen heisst leben lernen!* *S. 121***
Selber denken macht schlau – und vielleicht auch ein bisschen weise?
Mit Kindern und Jugendlichen über Tod und Trauer philosophieren?
– Was ist die Seele? Wo geht sie hin?
– Den Trauerprozess verstehen und zulassen
– «Mama, ich will nicht sterben!» – Vom Sinn des Todes
Philosophieren mit Jugendlichen über Lebenssinn und Identität
– Das «Fünf-Finger-Modell» des sokratischen Philosophierens nach Ekkehard Martens
– Wozu bist du auf der Welt? – Zwei geniale Bilderbücher zum existenziellen Philosophieren mit Jugendlichen und sogar mit Erwachsenen!

**10. *Im Laufe deines Lebens wirst du noch viele Fragen stellen ...* *S. 139***
«s'Käuzli», die Schweizerische Dokumentationsstelle für Kinder- und Alltagsphilosophie
Philosophische Kinder- und Jugendliteratur zu den grossen Fragen

## Einleitung: Grosse Fragen für kleine Philosophinnen und Philosophen

***Wo bin ich gewesen, bevor ich geboren wurde?***
***Warum sollte ich gehorchen?***
***Wozu bin ich überhaupt auf der Welt?***

Schon kleine Menschen haben grosse Fragen, doch viele Antworten der grossen Leute scheinen ihnen nicht wirklich zu genügen, und mit zunehmendem Alter stellen die Kleinen ihre Fragen dann nicht mehr gleich unbeschwert. Aber verschwinden sie deshalb aus ihren Köpfen? Wer sich von den fragenden Kindern herausfordern lässt, merkt bald einmal, dass dies keineswegs der Fall ist. Vielleicht stellen wir nämlich plötzlich erstaunt fest, dass die grossen Fragen auch uns nicht losgelassen haben! Wir Erwachsenen scheinen uns nur daran gewöhnt zu haben, dass man vieles nicht wissen kann. Mit etwas Glück und einem Rest kindlicher Neugier lassen wir uns dann von den Kindern wieder anstecken und bekennen wie einst Sokrates: Ich weiss, dass ich (vieles) nicht weiss ... aber lasst uns doch versuchen, eigene Antworten zu finden!
**Kommt, Kinder, lasst uns gemeinsam «philosophieren»!**

Auch mit meinem dritten Buch über das Philosophieren mit Kindern und Jugendlichen lade ich dazu ein, sich von den Fragen der Kinder anstecken zu lassen. Eltern, Lehrpersonen und alle, die Freude daran haben, mit Kindern tiefgründige Gespräche zu führen, können hier erfahren, wie man dabei vorgeht, so dass es Spass macht und Kleinen und Grossen dabei vielleicht neue Welten aufgehen. Sie finden praktische Beispiele und Anleitungen zur Gesprächsführung mit «Kindern» von 3 bis 99 Jahren rund um die grossen Fragen: Woher kommen wir? Wohin gehen wir? Wer sind wir, und was sollen wir auf dieser Welt tun? Kurze theoretische Einschübe über philosophische, pädagogische, psychologische und religiöse Hintergründe ergänzen die drei Teile:

**In Teil I** geht es darum, die verschiedenen Arten von Fragen der kleineren Kinder zu unterscheiden und zu erkennen, wie wir am besten damit umgehen können: zum Beispiel, indem wir geeignete Bilderbücher beiziehen. Wer bin ich und wer bist du? Und: Wo kommen wir eigentlich her? Das sind Themen aus den ersten drei Kapiteln. Die «Werkzeuge der schlauen Denker» (bestimmte Gesprächsmuster oder das Abc des Philosophierens) werden dabei vorgestellt, und Sie können mitverfolgen, wie sechs Schulanfänger/-innen damit umgehen, wenn sie die grosse Frage «Wer hat das Leben gemacht?» gemeinsam untersuchen.

**Teil II** befasst sich mit Fragen aus dem Bereich der Moral: Was sollen wir tun? Was müssen wir lassen? Der altersmässige Schwerpunkt liegt nun bei Schulkindern, die vielleicht nicht immer so wollen, wie wir es von ihnen erwarten. Werte und Gefühle, Gehorsam und Gerechtigkeit kommen hier zur Sprache, und Sie erfahren, wie durch «Caring Thinking» («fürsorglich teilnehmendes Denken») emotionale und soziale Kompetenzen geübt und gefördert werden. Auch hierzu können spezielle Bilderbücher oder andere Kindergeschichten hilfreich eingesetzt werden.

**In Teil III** werden die ganz grossen Fragen, die oft auch die Jugendlichen stark beschäftigen, philosophisch beleuchtet: Woher kommt die Welt? Was ist mit Trauer und Tod? Was ist die Seele und wie hängt unsere Identität damit zusammen? Wie finden wir Orientierung und Lebenssinn? Die Religionen mögen Hinweise auf Antworten anbieten. Grosse und kleine Philosophen und Philosophinnen aber machen sich immer wieder aufs Neue selber auf die Suche nach tragfähigen eigenen Antworten.

**Staunen Sie mit mir über die Tiefe der Gedanken, zu denen Kinder und Jugendliche fähig sind, wenn man sie ihnen bloss zutraut!**

Eva Zoller Morf

**Mein herzlichster Dank ...**

Zahlreiche kleine und grosse Menschen haben dazu beigetragen, dass dieses Buch entstehen konnte. Ihnen allen danke ich von Herzen:

… den Kindern und Eltern von Hinwil, Hawaii und anderswo, die mir ihre «schlauen» Gedanken und Bilder geschenkt haben …

… den Student/-innen der Pädagogischen Hochschule Thurgau PHTG, die meine Ideen kreativ umgesetzt und mir von vielen schönen Gesprächen mit Kindern berichtet haben …

… all den Bilderbuchautoren und Illustratorinnen, die so wundervolle, tiefsinnige, warmherzige, humorvolle und ernsthafte Kindergeschichten erzählen, mit denen man gut philosophieren kann …

… meinem Mann Robi, der mich nicht nur zu all meinen philosophischen Reisen begleitet, sondern auch für mein drittes Buch wieder (fast) alle Fotos geschossen hat und mir immer den Rücken stärkt, wenn ich es brauche …

… meinen philosophischen Freundinnen und Kollegen, insbesondere natürlich «Doktor J.», sowie den Lektorinnen und Korrektoren, die alle den Text mehrfach überprüft und bereichert haben …

… und schliesslich noch «Manne», der mir mit Engelsgeduld jeden Gestaltungswunsch erfüllte!

# Teil I: Philosophieren mit Kindern

**Von den grossen Fragen der kleinen Kinder**

**Selber denken macht schlau! – Einführung in die «Werkzeugkiste der schlauen Denker»**

**Mit Kinderbüchern Gespräche anzetteln**

# 1. Von den grossen Fragen der kleinen Kinder

## Nur eine kleine Frage?

*«‹Wo war ich, bevor ich bei dir war, Mama?›, fragte mich meine vierjährige Tochter eines schönen Tages beim Frühstück. Sofort begann mein Hirn zu arbeiten: Ja, also, wie erkläre ich einem Kind den Vorgang der Zeugung? Aber halt, das ist es ja eigentlich nicht, was sie wissen will. ‹Ich weiss es nicht› ist ja wohl auch nicht gerade eine befriedigende Antwort. Mein Glaube daran, dass die Seele sich einen Ort, zwei Menschen auf der Erde aussucht, um ein weiteres Leben in Angriff zu nehmen, lässt sich auch nicht so auf die Schnelle kindgerecht in Worte fassen. Alarm, Alarm, der allwissenden Mama fällt keine gescheite Antwort ein. Erwartungsvoll sieht mich meine Kleine an. ‹Gegenfrage›, flüstert eine Stimme in mir, mit einer Gegenfrage gewinnst du Zeit!› Na denn: ‹Was denkst du denn, wo du warst, mein Schatz?› Das darauf folgende Gespräch werde ich nie vergessen. Meine Tochter erzählte und erzählte, tastete sich durch Möglichkeiten, religiöse Vorstellungen, verwarf Thesen und entwarf neue. Zusammen verbrachten wir eine wunderbare Philosophiestunde bei Kaffee und Nutellabrötchen.»*

Diese berührende Szene berichtete mir die junge Mutter Salomé Widmer. Ich nehme an, dass sich viele Mütter in dieser Situation wiederfinden, denn die meisten Kinder stossen in den ersten Lebensjahren irgendwann auf diese ganz grosse Frage: Woher kommen wir eigentlich? Meist geht es dabei zunächst einmal um die doch einigermassen leicht zu beantwortenden Fragen nach Mamas Bauch und der Geburt, einige Zeit später gefolgt von der schon etwas kniffligeren nach der Zeugung. Auch da stehen zur Beantwortung immerhin Informationen zur Verfügung, auch wenn es nicht immer einfach sein mag, die richtigen Worte zu finden für die Ohren einer Vierjährigen. Wie aber hätten Sie als Mutter auf Töchterchens ganz grosse Frage reagiert, an der sich selbst Astrophysiker und Philosophinnen noch heute die Zähne ausbeissen?

Es sind Fragen wie diese, die dazu geführt haben, dass man in den letzten Jahrzehnten begonnen hat, Kinder als kleine Philosophinnen und Philosophen zu bezeichnen. Die Fragen selbst waren natürlich auch früher schon da, aber über Jahrhunderte war es üblich, Kindern – wenn diese sich überhaupt getrauten, solche Fragen zu stellen – entweder eine religiöse Antwort («Da warst du noch bei Gott») oder eines der kulturell gefärbten Geschichtchen vom Storchenteich oder den Engelchen, welche die Sterne putzen, zu erzählen. Im Elsass erklärten einige Frauen offenbar, dass die Kinder aus den Kohlköpfen kämen, worauf – wie mir eine Französin einst erzählte – ihre Tochter auf dem Acker einen Kohlkopf nach dem andern geöffnet habe, um die ungeborenen Kinder zu finden. Ich bin zwar der Ansicht, dass solche «Erklärungen», solange sie nicht zu deftig oder gar lieblos daherkommen, den Kindern kaum schaden werden, aber man verpasst damit eine wunderbare Gelegenheit, sich mit den Kindern in ein ernsthaftes – philosophisches! – Gespräch einzulassen.

Wozu soll das gut sein? Wir aufgeklärten Erwachsenen «wissen» doch ganz genau, dass keine endgültige Antwort auf diese Frage zu erwarten ist! Die Kinder hingegen sind noch nicht daran gewöhnt, die Fragen nach beantwortbaren und unbeantwortbaren zu unterscheiden. Wie unsere Vorfahren fragen auch Kinder nach unserer Herkunft und den Anfängen der Welt und des Lebens. Wie sie erdenken (oder erfühlen?) sie sich ganze Weltbilder und mythische Vorstellungen, und sie unternehmen eigene fantasievolle

Antwortversuche. Diese überprüfen sie mit unserer Hilfe auf mögliche Sinngehalte hin. Wenn ein Kind zum Beispiel daran glaubt, dass es vorgeburtlich den Engeln geholfen hat, alle Sterne blitzblank zu putzen, und dass es sich bei dieser Gelegenheit auf der Erde nach Eltern umgesehen hat, bei denen es geboren werden möchte, dann gibt ihm das die Sicherheit und die Bestätigung dafür, dass es in dieser Familie seinen Platz hat und willkommen ist.

Weniger gut erging es einem anderen kleinen Mädchen, das mit seiner Mutter und der zwei Jahre älteren Schwester im Fotoalbum auf ein Bild stiess, wo nur das ältere der beiden Kinder abgebildet war. «Wo war ich da?», wollte die Kleine wissen. Ohne weiter zu überlegen, antwortete ihre Mutter: «Da hat es dich noch nicht gegeben.» Darauf habe das Kind angefangen laut zu weinen und zu protestieren: «Und das stimmt nicht! Und das stimmt nicht! Mich hat es nicht einmal nicht gegeben!», erzählte die erschrockene Mutter traurig. Sie konnte nicht verstehen, weshalb ihre ehrliche, «richtige» Antwort die Tochter dermassen aus der Fassung gebracht hatte.

Mit drei bis vier Jahren ist das Zeitverständnis noch wenig klar ausgebildet. Die Vorstellung, einmal nicht gewesen zu sein, keine Existenz gehabt zu haben, wirkte für das Kind wohl ähnlich erschreckend wie für manche Erwachsene die Möglichkeit der Nicht-Existenz nach dem Tod. Sören Kierkegaard, der grosse dänische Existenzphilosoph des 19. Jahrhunderts, unterschied diese Angst von der alltäglicheren Furcht. Letztere richtet sich zumindest auf etwas Greifbares und ist damit viel eher zu ertragen als die Ungewissheit über das, was uns nach dem Tod vielleicht erwartet: das Nicht-Sein.

Es gäbe allerdings noch eine ganz andere Erklärung für den verzweifelten Ausbruch des Mädchens: Vielleicht fühlte es sich benachteiligt gegenüber der Schwester, die schon so manches mit den Eltern erleben durfte, bevor die Kleinere auf der Welt war. Noch nicht dazugehört zu haben, könnte genauso schmerzhaft erlebt worden sein und würde den empörten Protest erklären. So oder so aber blieb für die Mutter der Schreck über die Reaktion des Kindes, das sie ja herzlich liebte. «Was habe ich da bloss falsch gemacht?», fragte sie die anwesende Elternrunde.

Wenn Kinder fragen, sollten wir ihnen doch antworten, damit sie etwas lernen! So denken viele verantwortungsbewusste Eltern. Und obwohl dies manchmal ganz schön anstrengend sein kann, besonders, wenn man eigentlich die Antwort selber gar nicht kennt, fühlen sie sich dennoch dafür zuständig, den Kindern alles zu erklären. Die Kinderphilosophinnen und -philosophen gehen aber davon aus, dass man Kindern damit nicht immer einen Gefallen tut. Was die Kleinen dabei vor allem lernen, ist keinesfalls wünschenswert: Trifft es denn zu, dass es auf alle Fragen eine Antwort gibt, wie Kinder das vermuten – und auch gerne hätten? Wohl kaum! Stimmt es denn, dass die Erwachsenen alles wissen und jederzeit für eine Auskunft da sein werden? Dann brauchten sich die Kinder ja keine eigenen Antworten auszudenken und trauen sich solche schon bald gar nicht mehr zu! Sind denn wirklich alle Fragen so wichtig, dass es sich lohnt, sich darüber den Kopf zu zerbrechen? Keineswegs! Hinzu kommt, dass die Kleinen mit ihren vielen Fragen manchmal gar nicht auf eine Antwort zielen, sondern uns einfach nur dazu auffordern wollen, mit ihnen in Kontakt zu treten, zu spielen oder sich zu unterhalten. Vielleicht fragen die Kinder auch einfach, um den Gutenachtkuss noch ein klein wenig hinauszuzögern?

Was wäre eine Alternative zu den angestrengten Erklärungen? Viele Eltern haben inzwischen gelernt, den Kindern ihre Fragen zurückzugeben, anstatt sich gleich zu einer Antwort verpflichtet zu fühlen. Es ist oft erstaunlich, wie schnell dann Kinder voller Stolz ihre eigenen Ansichten oder Überlegungen präsentieren. Manche Frage wird überhaupt nur gestellt, damit diese Gedanken Gehör finden. Es kann die Eltern oder Kindergärtnerinnen sehr entlasten, wenn sie sich ein Stück weit von der Verantwortung befreien, alles wissen zu müssen. Dennoch ist die Gegenfrage «Wie denkst du denn darüber?» nicht als einfaches Patentrezept zu verstehen. Wenn Kinder fragen, bleibt es in unserer Verantwortung, sie ernst zu nehmen und herauszufinden, wie wir nun am besten reagieren sollten. Daher empfehle ich, noch vor dem Zurückfragen eine Denkpause mit ein paar Überlegungen und Fragen an sich selbst einzulegen: Warum fragt mich das Kind? Was will es genau von mir? Braucht es, gibt es hier überhaupt eine eindeutige Antwort, und falls ja, wo fänden wir sie vielleicht?

Beim Beispiel mit dem Fotoalbum, das wohl manchen Eltern nicht unvertraut ist, könnte es sich um folgende Arten von Fragen handeln:

**«Mama, wo war ich da?»** war vielleicht eine ganz harmlose Frage nach dem Aufenthaltsort zum Zeitpunkt des Fotografierens, die mit einer knappen Information befriedigend zu erledigen gewesen wäre: «Da warst du gerade beim Opa in den Ferien, weisst du noch?» Oder, wie ein Vater in der Elternrunde vorschlug: «Du hast damals auf den Knopf des Fotoapparates gedrückt!» Nun ja, wenn dies der Wahrheit entspricht, ist die Antwort berechtigt. Aber wahr sollte alles sein, was wir den Kindern zumuten, obschon es nicht nötig ist, ihnen jederzeit die ganze «Wahrheit» zu sagen. Die Mutter hätte der Kleinen auch wahrheitsgemäss sagen dürfen: «Oh, das weiss ich jetzt nicht mehr.» Und zur grösseren Schwester: «Erinnerst du dich vielleicht noch daran, wo die Kleine damals war?» «Da warst du noch in meinem Bauch» oder «Da warst du noch nicht bei uns» wären bei Zutreffen möglicherweise weitere geeignete Antworten gewesen.

Alle diese Reaktionen gehen allerdings davon aus, dass das Kind ohne grosse Emotionen nach einer Antwort gefragt hatte. Der verzweifelt empörte Ausbruch erfolgte ja erst, als die Mutter, ohne dies zu wollen, dem Kind vermeintlich seine Existenz abgesprochen hatte: «Da hat es dich nicht gegeben.»

**«Mama, wo war ich da?»** könnte allerdings auch aus ganz anderen Gründen gefragt worden sein: Vielleicht aus Eifersucht auf die Schwester? Vielleicht aus Unsicherheit, ob man wirklich geliebt wird? Ob man dazugehört, auch ohne auf dem Bild zu sein? Dann brauchte es als Reaktion auf die Frage vielleicht gar nicht viele Worte, sondern eher eine spontane Umarmung oder den Satz: «Da warst du noch nicht geboren, aber jetzt bist du da, mein Schatz!» Starke Emotionen verlangen in erster Linie danach, wahr- und ernstgenommen zu werden. Auch dazu ist die vorgeschlagene Denkpause sinnvoll. Wenden Sie sich einem fragenden Kind zu, schauen Sie ihm in die Augen und zeigen Sie ihm, was Sie wahrgenommen und verstanden haben. Nötigenfalls könnten Sie sich mit einer Frage vergewissern: «Du wärst wohl gerne auch dabei gewesen damals?» oder «Wollen wir ein Bild suchen, wo du ganz alleine drauf bist?» und das Kind dabei auf den Schoss heben, damit es die ersehnte Nähe spüren kann.

**«Mama, wo war ich da?»** könnte unter Umständen aber sogar einen philosophischen Aspekt haben, nämlich dann, wenn das Kind – längst aufgeklärt über die Frage von Geburt und Zeugung – sich plötzlich gewundert hat über die Tatsache, dass wir vor der Geburt noch nicht fotografiert werden können. Und doch waren wir «schon immer da», uns hat es «nicht einmal nicht gegeben». Doch wie und wo waren – existierten – wir denn damals, längst vor Mamas Bauch? Sollte dies die eigentliche Frage des Mädchens gewesen sein, hätte die Mutter mit ihren beiden Kindern ein kleines, philosophisches Gespräch mit der Rückfrage beginnen können: «Hmm, ja ... wo waren wir wohl vorher? Was meint ihr beide denn dazu? Wo könnten wir alle vielleicht gewesen sein?», und vermutlich hätte die Mutter bald gemerkt, dass dies ja auch für uns Erwachsene eine bislang noch nie endgültig beantwortete Frage ist ... Es sei denn, man gebe sich mit einer überzeugenden Glaubensantwort zufrieden. Diese dürften Sie als Eltern den Kindern natürlich auch weitergeben, allerdings verpassen Sie dabei vielleicht einige wunderbare oder sogar weise Gedanken der Kinder nebst der Gelegenheit, sich selbst wieder einmal wie ein Kind zu fühlen und mit zu staunen über das Wunder unseres Daseins.

Einige Wochen später wiederholte sich übrigens die beschriebene Ausgangsszene, doch diesmal erklärte die Mutter: «Da warst du noch ein Wunsch von uns», und das Mädchen nahm diese Antwort mit sichtlicher Freude entgegen. Ein Wunsch! Ja, den sieht man zwar auch nicht, aber Wünsche sind etwas so Schönes, wer wäre nicht gern der Wunsch seiner Eltern!

Noch längst habe ich nicht alle möglichen Hintergründe dieser einzigen kleinen Frage beleuchtet. Sie könnte ja zum Beispiel auch am Abend nach einem Einkaufsbummel gestellt worden sein, bei dem das Kind eine werdende Mutter beobachtet hatte. «Mama, wo war ich da?» würde dann mit grosser Wahrscheinlichkeit bedeuten «Mama, war ich auch in deinem Bauch?» oder, je nach Aufklärungsstand: «Mama, nicht wahr, ich war auch mal im Bauch drin, deshalb bin ich hier nicht auf diesem Foto, oder?» Salomé Widmer beschrieb das Ende ihres damaligen Gesprächs mit ihrer Vierjährigen wie folgt:

*«Meine Tochter stellte übrigens abschliessend fest, dass sie im Himmel nach langem Überprüfen und Nachdenken ihre zukünftigen Eltern ausgewählt und dann eine lange Reise in einem unsichtbaren Zug auf die Erde angetreten habe. Im Laufe derer sei sie dann immer mehr geschrumpft, bis sie fast unbemerkt in Mamas Bauch habe schlüpfen können, wo sie dann wieder gewachsen sei.»*

## Oder doch eine ganz grosse Frage?

Es ist nicht selten, dass schon Vierjährige nicht nur wissen wollen, wo sie waren, sondern auch schon mal fragen: *«Warum bin ich da?»* Und noch bevor sie sich der Vieldeutigkeit der Frage bewusst sind, reagieren dann viele Eltern gleich mit einer Antwort. Du bist da, weil ich dich geboren habe, weil wir uns dich gewünscht haben, erklären sie vielleicht. Oder: Damit du uns Freude machst. Damit dein Bruder ein Schwesterchen hat ... Vielleicht hiess die eigentliche Frage aber: Warum bin ich nicht bei den Nachbarn auf die Welt gekommen, die haben es viel schöner als wir? Oder das fragende Kind wurde von seinem Thron als Erstgeborenes gestossen durch die Ankunft eines Geschwisterchens, und nun fühlt es sich angesichts der grossen Aufmerksamkeit, die dem Baby zuteil wird, völlig beiseitegedrängt und fragt deshalb: Warum bin ich da? Braucht mich hier eigentlich niemand? Habt ihr mein Geschwisterchen lieber als mich?

Mit den **Warum-Fragen** der Kleinen ist es so eine Sache. Man weiss auf Anhieb oft nicht mit Sicherheit, ob nach einer Erklärung gesucht wird: Weshalb bin ich hier? Wie kam es dazu, dass ...? oder ob es sich um eine Frage nach dem Sinn und Zweck handelt: Wozu ist etwas gut? Was ist gut daran, dass ich hier bei euch bin?

Ein weiteres Beispiel mag dies verdeutlichen: *«Warum schneit es eigentlich?»*

Eifrige Kindergärtnerinnen würden jetzt vielleicht von Wasser und Temperaturen oder auch von Frau Holle sprechen, welche die

Kissen ausschüttelt. Sollte der Knirps danach aber die Frage einfach wiederholen, so kann man getrost davon ausgehen, dass es ihm nicht um die Entstehung des Schnees ging, sondern vielmehr um dessen *Sinn:* Wozu ist der Schnee gut? Natürlich: Es schneit, *damit* wir einen Schneemann bauen können! Dazu ist der Schnee da. Kleinere Kinder pflegen mit ihren 1001 Warum-Fragen erfahrungsgemäss meistens eher auf den Sinn einer Sache zu zielen als auf eine Erklärung. Und weil die Kinderphilosophinnen und -philosophen davon ausgehen, dass selbst Vierjährige sich schon ganz viele eigene Gedanken machen, empfehlen sie, dem Kind die Frage zurückzugeben in der Art: «Tja, was meinst du denn, warum es schneit?» Oder: «Warum könntest du wohl hier bei uns sein? Was denkst du?» Dies hat den Vorteil, dass wir Erwachsenen nicht immer schon alles (besser) wissen müssen, und natürlich macht es das Kind stolz, seine eigene Antwort präsentieren zu dürfen. Oft genug liegt diese nämlich schon bereit, und das Kind wartet nur darauf, sie uns mitteilen zu können.

Auch wenn es bei den Kleinen nicht immer gleich um den grossen Lebenssinn insgesamt geht, wie ihn Jugendliche und Erwachsene gern wüssten, drehen sich die meisten der Warum-Fragen der etwa Vier- bis Achtjährigen doch um den Sinn, die Bedeutung oder den Zweck all dessen, was den kleinen Philosophinnen und Philosophen tagtäglich begegnet und geschieht: Warum leuchtet der Mond? Wieso muss ich schon zu Bett gehen? Wozu wird es dunkel?

Als Neulinge in der Welt erleben sie täglich viel Unbekanntes, Erstaunliches und manchmal auch Erschreckendes. Alles will verstanden, eingeordnet und benannt werden, damit man sich immer besser in dieser Welt zurechtfinden kann. «Was ist das?» gehört zu den ersten Fragen, manchmal noch ohne Worte, einfach durch einen zeigenden Finger und einen fragenden Ton ausgedrückt. Bald darauf folgt aber schon das «Warum?», und dies oft so unermüdlich, dass manche Eltern erschöpft aufstöhnen. Warum tun dies die Knirpse bloss? Wer hat ihnen dieses unerbittliche Fragen denn beigebracht?

Wir kommen alle schon mit der Vorstellung zur Welt, dass es Zusammenhänge gibt – dass auf ein Warum ein Darum passen muss. Wir gehen schon vor jeder Erfahrung – a priori, wie es der grosse deutsche Philosoph Immanuel Kant nannte – davon aus, dass Ursache und Wirkung miteinander zu tun haben, und wir begegnen der Welt von Anfang an mit diesem Kausalitäts-Raster. Deshalb kommen alle Kinder von sich aus auf die Idee, «Warum?» zu fragen. Und spätestens mit dem ersten «Warum?» setzt etwas ein, das vermutlich nur für uns Menschen typisch ist: Wir nehmen, was uns umgibt, nicht nur wahr und reagieren irgendwie darauf, wie die Tiere dies zu tun scheinen, sondern wir wollen auch verstehen, wie, was und wozu etwas da ist. Die Voraussetzung dazu ist die Fähigkeit zu «inneren Repräsentationen», wie es die Psychologie nennt: sensomotorische (von unseren Sinnen herrührende) Vorstellungen und Bilder, die uns ermöglichen, auch an Dinge zu denken, die sich nicht unmittelbar vor unseren Augen und Händen befinden. Die Bildung dieser Repräsentationen beginnt schon in den ersten Lebensmonaten, für Eltern spätestens dann erkennbar, wenn ihr Baby «fremdet». Dann hat es nämlich gelernt, das bekannte Gesicht seiner Mutter zu unterscheiden von anderen Gesichtern, die nicht der Vorstellung «Mama» entsprechen. Wenn dann noch die Sprache dazukommt, erhalten die Repräsentationen eine Art verbale Etiketten, mit denen man Fragen oder Vermutungen äussern kann.

Meine Mutter berichtete mir zum Beispiel, wie ich als Kleinkind einmal ihre Achselhaare ertastet und darauf mit fragendem Ton gesagt habe: «Mami? Watte?» Vorstellungen und Sprache erlauben uns, die Welt nicht nur hier und jetzt zu erleben, sondern sie in Erinnerungen zur Verfügung zu haben und über sie nachzudenken: «Dieses Ding hier in Mamas Achsel fühlt sich an wie die Watte gestern im Badezimmer.» Nun wird das Kind fähig, die Eindrücke und Wörter zu allerhand Gedanken zusammenzusetzen, die sich auch aufs Gestern oder Morgen beziehen können. Aus Erfahrenem zieht es manchmal fantasievolle Schlüsse oder bildet sich Hypothesen, die es durch Wiederholungen einer Handlung zu bestätigen versucht.

Wir kennen alle das beliebte Baby-Spiel: Beim Essen fällt einmal sein Löffelchen zu Boden, und Mama hebt es gleich wieder auf. Doch weil es so lustig gescheppert hat, versucht das Baby es gleich ein zweites und drittes Mal. Ob das Becherchen wohl auch runterfällt, wenn man es über den Rand schubst? Was könnte man denn sonst noch alles fallen lassen? Mama hebt zwar geduldig auf, findet es aber nicht ganz so lustig wie das Baby. Dieses erhärtet indessen seine These «Alles, was ich loslasse, fällt zu Boden». Leider wird diese «Weisheit» später unbarmherzig widerlegt werden, wenn das Kind den ersten mit Helium gefüllten Luftballon halten darf. Warum fliegt der jetzt plötzlich hoch, wenn ich ihn loslasse, anstatt einfach runterzufallen? Und diesmal findet es auch das Kind nicht mehr lustig!

Die unzähligen Fragen der kleinen Kinder dienen dazu, ihre nahe und später auch die fernere Umwelt immer besser zu verstehen und die eigenen Handlungsspielräume darin auszuloten. Die kindliche Neugier und ihr Entdeckerdrang machen die Kleinen zu kleinen Philosophen und Forscherinnen, die uns Erwachsene unermüdlich mit Fragen bombardieren, weil sie überzeugt sind, dass wir alle Antworten auf Lager haben. Kann gut sein, dass sie uns nicht glauben wollen, wenn wir ihnen ab und zu ein «Weiss nicht» zumuten. «Warum weisst du das nicht? Aber du musst das doch wissen!», wird protestiert, was besser ist, als wenn ein Kind einfach resignieren würde und das Fragen aufgäbe. Doch es reicht nicht, öfters beim ehrlichen Eingeständnis unserer Unwissenheit stehen zu bleiben, denn damit geben wir ein falsches Signal: Frag nicht so viel! Zeigen wir dem Kind in so einer Situation besser, wie man mit einer ungeklärten Frage umgehen kann, zum Beispiel, indem wir je nach Fragetyp zurückfragen: «Wer hat dazu vielleicht mehr Erfahrungen? Wen könnten wir fragen oder wo nachschlagen?» – wenn es um eine Sachfrage geht. Oder falls es sich um eine der «grossen» Fragen handelt: «Hmm ... wie könnte es denn sein, was vermutest du?» Wieder ist es wichtig, dass wir dem Kind unser Interesse an seinen Gedanken zeigen und ihm zutrauen, mögliche Antworten selber oder vielleicht auch gemeinsam mit der Familie zu finden. Manchmal wird es auch nötig sein, eine Frage aufzuschieben, weil das Mittagessen sonst anbrennt. Doch aufgeschoben darf nicht aufgehoben bedeuten. Zudem lassen sich vielleicht bis zum versprochenen Zeitpunkt ein paar hilfreiche Fragen finden, die wir dem Kind stellen können. Oder wir suchen eine passende Geschichte, um damit das Gespräch später aufzunehmen.

**Ermutigung zum Selberdenken** – so sieht Philosophieren mit den Kleinsten aus, auch wenn es nicht immer schon um hoch oder tief philosophische Inhalte geht. Dazu eine kleine Anekdote aus unserem Garten: Die vierjährige Nachbarin Nicole inspizierte unser neu angelegtes Biotop, in welchem sich bereits zahlreiche Molche und Schnecken tummelten. «Hat es Tiere im Teich?», wollte die Kleine wissen. «Siehst du denn welche?», fragte ich zurück. Sogleich vergewisserte sie sich, doch dann folgte schon die nächste Frage: «*Warum* hat es Seerosen drin?» «Na, *weil* ich sie hineingepflanzt habe», wollte ich gerade erwidern. Doch dann fiel mir zum Glück ein, was ich meine Studierenden zu lehren pflege: «Zurückfragen!» Nicole hatte auch da eine Antwort parat, allerdings fiel diese ganz anders aus als meine: «Nicht wahr, die Seerosen braucht es, damit sich die Molche bei Regen darunter verstecken können!» Verblüfft gab ich ihr darauf zu bedenken: «Meinst du denn, die Molche seien wasserscheu?» Sie muss gespürt haben, dass da etwas unlogisch war, und sie tat, was bei Unsicherheit immer das Beste ist für ein Kind: Sie rannte heim in den sicheren «Hafen» – vorerst noch ohne Antwort. Dass meine Frage (vorläufig) offen blieb – wie das beim Philosophieren so oft vorkommt –, hat dem kleinen Mädchen sicherlich das Weiterdenken nicht verleidet. Sie ist heute ein lebhafter, immer noch neugieriger und nachdenklicher, frisch-fröhlicher Teenager.

**Der berühmte Philosoph Sokrates lebte von 469 – 399 v. Chr. in Athen.**

Er schrieb keine Bücher, sondern befragte alte und junge Menschen auf dem Marktplatz nach ihren Meinungen und Gedanken über das gute Leben, und wie man es führen sollte. Seine Art zu philosophieren soll er mit der Arbeit seiner eigenen Mutter, die Hebamme war, verglichen haben. Er helfe zwar nicht bei der Geburt von Kindern, aber durch seine Fragetechnik leiste er den Menschen Hilfe beim «Gebären» eigener Gedanken. Beim Philosophieren mit Kindern versuchen wir, es ihm gleichzutun.

Durch unsere **«Hebammenfragen»** leiten wir die Kinder an, ein Thema sorgfältig und kritisch zu durchdenken, Meinungen darüber zu hinterfragen, gute Gründe für ihre Ansichten zu suchen und ihre Ideen verständlich zu formulieren, sei es in Worten oder manchmal auch durch Zeichnungen oder szenische Darstellungen. So leisten wir «Geburtshilfe» für ihre «Weisheiten». So helfen wir ihnen, selber zu denken, denn:

**Selber denken macht schlau!**

Zwar gibt es leider kein einfaches Rezept zum Umgang mit den vielfältigen Fragen unserer Kleinsten. Doch immerhin mag es eine Hilfe sein, wenn wir besser verstehen, wohin eine Frage jeweils zielt. Und wenn es sich um eine philosophische handeln sollte, freuen wir uns hoffentlich darauf, mit den Kindern gemeinsam nach möglichen Antworten zu suchen, mit ihnen zu staunen, zu fantasieren und nachzudenken. Mit der Zeit und etwas Übung werden wir immer besser verstehen, wie wir die Kinder dabei unterstützen können, ihre eigenen Antworten und Überzeugungen zu den grossen Fragen zu finden. Wie diese Unterstützung aussieht, werde ich in den folgenden Kapiteln an Beispielen zeigen.

## Wie aus einer kleinen Frage eine grosse wird

Wie aus einer kleinen Frage plötzlich eine grosse wird, erlebte ich vor Kurzem selber im Unterricht mit einer Gruppe von einigen sprachlich besonders begabten Schülerinnen und Schülern einer 1. Klasse.

Die Kinder hatten den Auftrag bekommen, über einige Zeit ihre kleinen oder grossen Fragen zu sammeln und sie je nach Bedeutung auf kleinere oder grössere Wolken aus buntem Papier zu notieren. Das Ziel der damit geplanten Übung war, dass die Kinder allmählich die philosophischen von den einfacheren Fragen würden unterscheiden können. In einer folgenden Stunde stellten sie ihre Wolken vor und sollten dabei begründen, weshalb sie die Fragen als gross oder klein taxiert hatten. Bei diesem Fragesammelspiel ergab sich dann spontan eine kleine philosophische Untersuchung über eine sehr grosse Frage: den Ursprung allen Lebens. Durch die Art der Gesprächsleitung, die Sokrates einst «Hebammenkunst» genannt haben soll, wurden die Kinder dazu gebracht, ihre Gedanken fantasievoll fliessen zu lassen, Vermutungen zu formulieren, mit Logik zu überprüfen und auch auf die Ideen der Mitdenkenden einzutreten. So konnte ein gemeinsames Suchen stattfinden, bei dem wir uns allmählich an mögliche Antworten zu unserem Thema herantasteten.

*Hier einige der Fragen und Begründungen:*

*Alina M.:*
Das ist eine kleine Frage, weil die Erde ja rund ist, und überall rundherum hat es Himmel, dann hört er doch nie auf.

*Alina K.:*
Das ist eine grosse Frage, weil die Antwort in keinem Lexikon steht.

*Lena:*
Das ist eine grosse Frage, weil ... wenn ich dir jetzt sage, morgen geschieht es, dann können wir nicht sicher sein, ob das stimmt!

*Marie-Louise:*
Das ist eine grosse Frage, weil ... Ich weiss eben die Antwort nicht. Vielleicht sind es ja gar nicht die Engel, die sie uns bringen ...

*Alisha:*
Das könnte beides sein: Kleine Frage, wenn es Weihnachten ist, dann braucht man einen Baum im Haus. Gross, weil man ja auch ohne Christbaum feiern könnte, oder eine muslimische Familie braucht ja auch keinen ...

*Dennis:*
Das ist eine kleine Frage, weil jeder weiss: Gott macht das Leben.

Bei der letzten Frage meiner kleinen Philosophen blieben wir hängen, weil zwei der Kinder die Meinung von Dennis nicht teilten. Noch wussten sie nicht so richtig, warum sie eher auf eine grosse Frage getippt hätten, als ich sie um Begründung ihres Einwandes bat. Daraufhin entspann sich das folgende Gespräch (in Klammern typische Elemente der «Hebammenkunst»):

Warum könnte es denn auch eine grosse Frage sein? (Begründungen einholen)

- *In der Bibel stehen ja nicht nur wirklich wahre Sachen.*
- *Vielleicht hat ja noch jemand mitgeholfen.*
- *Ich finde auch, dass jemand geholfen haben könnte.*
-

Beim Leben-Machen, meinst du? (absichern, ob man richtig verstanden hat)

- *Ja, das könnte doch sein. Aber auch wenn Gott es allein gemacht hat, ist es doch eine grosse Frage.*

Wie kommst du darauf? (Behauptungen begründen lassen)

- *Es sind doch so viele Menschen auf der Welt! Gott könnte die gar nicht alle auf einmal gemacht haben!*
- *Er kann doch nicht einfach mit den Fingern schnippen, und schon ist alles da! Dann muss es eine grosse Frage sein. («logischer» Schluss)*

Jetzt bin ich aber gespannt, was Dennis zu euren Argumenten sagt.

- *Ich denke ... ihr habt schon ein wenig Recht. Aber ich dachte einfach, dass es eine kleine Frage sei, weil es doch jedem klar ist.*

Und stimmt das wirklich? Ist es allen so klar? (typisches Hinterfragen)

- *Hmm ... es kommt darauf an.*

Und worauf kommt es denn an? Alina hat ja vorgeschlagen, dass jemand geholfen haben könnte. Wer könnte das denn gewesen sein? (Bei Kindern sind Beispiele hilfreich. Durch die Möglichkeitsform «könnte» entsteht mehr Raum für Vermutungen.)

- *Keine Ahnung!*
- *Vielleicht Jesus? (Kind schlägt ein Beispiel vor.)*
- *Das ist doch dasselbe wie Gott! (Gegenargument)*
- *Schon, aber er ist sein Sohn. (Begründung und Berichtigung)*

Wer hat auch noch eine Idee, wer geholfen haben könnte? (weiterfragen)

- *Engel?*

Aha, die könnten beim Leben-Machen geholfen haben.
An welches Leben hast du denn eigentlich gedacht, Dennis? An alle Menschen? Alle Tiere? Alle Pflanzen? (Klären des Begriffs «Leben» wäre eine weitere Untersuchung wert, wurde hier aber nicht weiterverfolgt.)

- *Einfach an alles Leben. (Er überlegt weiter.)*
  *Also ... Wasser macht Leben für die Pflanzen ... und die Sonne ...*
  *Alles, was Wasser braucht ... Und das Essen macht auch Leben!*

Wie denkt ihr andern darüber? Hat er Recht? Wie könnte das sein? (Gründe suchen)
- *Die Blumen brauchen Wasser zum Wachsen, und Sonne auch.*
- *Wir brauchen auch Wasser zum Trinken, sonst würden wir verdursten.*
- *Wir brauchen auch die Sonne. Wir brauchen Licht!*
- *Auch die Menschen am Nordpol brauchen die Sonne. Und wenn sie im Winter nie scheint, dann brauchen sie wenigstens den Mond.*

Hilft denn der Mond auch beim Leben-Machen? (hinterfragen und am Thema bleiben)
- *Nein, nur die Sonne. – Hä? (Sie stutzt.)*
- *Ich stelle mir das so vor: Gott machte solche Dinge wie das Wasser, und das Wasser machte dann die Pflanzen, und die Pflanzen machen das Essen, zum Beispiel die Palmen, die Bananen ... (logische Überlegungen)*

Dann hätte Dennis also irgendwie Recht gehabt, dass schliesslich doch Gott das Leben gemacht hat? (durch Nachfragen sich vergewissern)
- *Ja. Irgendwie schon.*

Und was Gott gemacht hat, ermöglichte dann das Leben für die Pflanzen, die Tiere und uns? (leicht suggestive Frage, dient aber dem Sichern der Erkenntnis des Kindes)
- *Ja, genau.*
- *Wenn es die Sonne nicht gäbe, würden wir alle ertrinken. (Zusammenhänge zwischen Sonne und Wasser, Leben und Tod kommen den Kindern in den Sinn.)*

Ertrinken? Wieso? Wie kommst du darauf? (Verstehen wollen, was gemeint ist!)
- *Es würde Überschwemmungen geben, und ohne die Sonne würde das Wasser nicht wegtrocknen ...*
- *Und ohne Sonne würden auch die Pflanzen alle verdorren ... (Auch die Gedanken von Dennis sind noch bei diesen Zusammenhängen, aber eine erstaunliche Beobachtung lenkt ihn ab.) Seht mal nach draussen: Heute Morgen hatten wir doch Streit, und da war es im Schulzimmer ganz dunkel. Und jetzt, wo wir keinen Streit mehr haben, ist es plötzlich hell draussen!*

Tatsächlich! Wie schön, dass du das bemerkt hast! So ein beseitigter Streit macht doch wirklich alles wieder ein wenig heller.
Du hast uns wirklich eine tolle Frage gestellt, Dennis. Zuerst war sie klein, und jetzt ist sie doch plötzlich gross geworden durch all unsere Gedanken, die wir hineingeblasen haben. (Lena bläst einen unsichtbaren Ballon auf.)

***«Es ist eben eine kleine und eine grosse Frage zugleich!», stellt Dennis befriedigt fest.***

Das Fragesammelspiel hatte nebst diesem interessanten philosophischen Gespräch noch weitere Erkenntnisse zur Folge, zum Beispiel: Was ist **das Besondere an den philosophischen Fragen** gegenüber den vielen anderen? Die Kinder hatten meist jene Fragen klein genannt, zu denen es vermutlich irgendwo eine Antwort gäbe, oder aber wenn sie glaubten, diese bereits zu kennen. Ihre kleinen Fragen könnte man daher als «Wissensfragen» bezeichnen. Über die grossen Fragen hingegen, so argumentierten die Kinder, müsse man länger nachdenken, weil niemand die Antwort wisse. Aber wenigstens könne man mit dem Philosophieren ein bisschen mehr davon verstehen.

Aus erwachsener Sicht sind hier zwei Aspekte zu ergänzen: Da Kinder noch nicht in gleichem Masse wie wir abschätzen können, ob auf eine Frage tatsächlich irgendwo eine eindeutige Antwort zu finden wäre, bezeichnen sie vielleicht auch die eine oder andere «Wissensfrage» als gross, was nicht heisst, dass dies dann auch gleich eine philosophische Frage im engeren Sinne wäre. Aber die Kinder vermögen sich mittels der philosophischen «Werkzeuge» dennoch neuen Erkenntnissen entgegenzubewegen. Und zweitens werden vermeintliche Wissensfragen doch plötzlich philosophisch, sobald es nicht mehr nur um Faktisches geht, sondern um wertende Aspekte, zum Beispiel um den Sinn oder die Bedeutung einer Sache. Dies wird im folgenden Beispiel deutlich.

Warum leuchten nachts die Sterne?, hatte Lena auf eine der Wolken geschrieben. Kleine oder grosse Frage? *Weshalb* oder eher *wozu* leuchten sie?

Würde man eine Erklärung finden oder müsste man über den Sinn nachdenken?

Weswegen die Sterne leuchten, das könnte uns jeder Astronom oder Physiker wohl relativ leicht erklären. Welchen Wert es aber haben mag, dass es überhaupt Sterne gibt, ist nicht sein Hauptinteresse. So fragen schon eher die Philosophen oder die Romantikerinnen, oder eben die Kinder.

Lena stufte diese Frage als gross ein. Ihre Begründung war: Ich weiss nicht, *wozu* wir die Sterne brauchen.

Auf meine Gegenfrage, ob sie ihr denn

gefielen, sagte sie zögernd: «Ja-a ...», doch schien es ihr nicht zu genügen, es bei dieser subjektiven Bewertung zu belassen. Dass einem etwas gefällt, bedeutet ja nicht, dass es objektiv gesehen für alle schön ist oder Gültigkeit hat.

Oft sind die grossen Fragen der (kleinen) Philosophinnen und Philosophen dieselben wie jene, welche die Naturwissenschaften oder auch die Theologen der verschiedensten Glaubensrichtungen stellen. Der Unterschied besteht vor allem darin, wie solche Fragen angepackt werden. Wenn es um vermutlich Wissbares geht wie etwa, *weshalb* die Sterne leuchten – *weil* sie aus feurigem Gas bestehen –, machen sich die Forscher an die Arbeit, dies zu beweisen. In den Religionen dagegen wird man auf die eine oder andere Antwort aus heiligen Texten vertrauen: Gott lässt die Sterne für uns leuchten. Philosophisch denkende Menschen – und dies schliesst natürlich die Theolog/-innen nicht aus! – würden alles nutzen, was die Wissenschaften oder auch alte Weisheitstexte zu bieten haben: Sterne wie unsere Sonne geben die lebensnotwendige Energie für uns ab. Sie scheinen uns manchmal – wie etwa der Stern von Bethlehem – auch den Weg zu zeigen, den wir gehen sollten.

Im Bestreben, sich der Weisheit anzunähern, interessieren sich die Philosophierenden nicht nur dafür, *wie* etwas *sein* könnte – zum Beispiel, *wie* die Sterne ihr Licht produzieren oder das Leben wohl entstanden sei –, sondern sie wollen auch wissen, *wozu* Sterne eigentlich leuchten oder was das Leben *wertvoll* macht. So versuchen sie, zu Antworten zu gelangen, welche eine Bedeutung oder vielleicht sogar einen Sinn für uns erschliessen. Zugleich reflektieren Philosophinnen und Philosophen immer auch unsere Voraussetzungen, überhaupt etwas wissen zu können: Reichen unsere Sinne, reicht unser Verstand aus, um zu erkennen, weshalb Sterne leuchten? Was braucht es, um zu behaupten, sie seien schön? Für wen und weswegen werden Sterne als sinnvoll erachtet? Und durch beharrliches Weiterfragen und Begründen versuchen sie, sich einer überzeugenden Antwort anzunähern.

Typischerweise zielte die achtjährige Philosophin mit ihrem «Warum» nicht auf eine sachliche Erklärung, sondern sie wollte den *Sinn* des Leuchtens der Sterne hinterfragen: *Brauchen* wir das denn überhaupt? Dabei genügte ihr das persönliche Urteil, ob die Sterne ihr gefallen, erstaunlicherweise nicht. Um den Wert oder den Sinn einer Sache *für uns alle* auszumachen, sind Beurteilungen nötig, die mehr als bloss subjektive Gültigkeit haben. Und besonders für diese allgemeinen Wert- und Sinnbehauptungen brauchen wir differenzierte Argumente und gute Gründe. Mehr darüber in einem späteren Kapitel.

## Zusätzliche Literatur zu Kinderfragen:

**Nicht nur für Kinder!**

**Antje Damm: Ist 7 viel?**
Moritz Verlag
44 Fragen für viele Antworten

***«Kinder sind Philosophen – wenn man sie lässt!»***

**Michèle Lemieux: Gewitternacht**
Beltz & Gelberg
Das kleine Mädchen übersteht eine dunkle Gewitternacht mit vielen Fragen zu Gott und Welt. Eine wahre Schatztruhe von Gesprächsanlässen!

**Reinhardt Jung: Das kleine Nein!** Jungbrunnen
Das beharrliche kleine Nein will wissen, wo es war, bevor es geboren wurde.
Und es meint damit nicht Mamas Bauch! Die Grossmutter weiss sich zu helfen!

## Tipps zum Umgang mit Kinderfragen

**1. Stopp!** Bevor Sie auf die Frage des Kindes reagieren, gönnen Sie sich eine **Denkpause!** Setzen Sie Ihre psychologische Sensibilität ein, um wirklich zu verstehen, was das Kind bei seiner Frage bewegt. Notfalls fragen Sie: **Wie kommst du auf diese Frage?**

a: Geht es dem Kind um sachliche Informationen, die man irgendwo beschaffen könnte?
b: Lässt die Frage auf eine starke Emotion des Kindes schliessen?
c: Oder wundert es sich einfach über etwas, wozu es vielleicht mehrere Meinungen gibt?

**2. Jetzt sind adäquate Ideen gefragt, wie wir auf das eigentliche Anliegen des Kindes am besten eintreten, ohne ihm alles Denken abzunehmen!**

a: Bei sachlichen Fragen: Wo und wie könnten wir *gemeinsam* die Information beschaffen?
b: Bei Emotionen: Braucht das Kind Trost, Unterstützung, vielleicht eine Umarmung?
c: Oder möchte das Kind mit uns darüber nachdenken und sprechen und philosophieren?

**3. Sollte es sich um eine *philosophische Frage* handeln, können wir nun durch *Zurückfragen* ein partnerschaftliches Gespräch beginnen: Dazu ist jetzt die sokratische «*Hebammenkunst*» (Geburtshilfe für die «Weisheit» der Menschen) gefragt!**

Was meinst denn *du* dazu? Aber auch: Wie denke *ich* eigentlich darüber?
Wie *könnte* es denn sein? statt: Wie *ist* es? (vermuten, fantasieren, spekulieren)
Ist es *immer* so? Bei *allen*? Wie könnte es *auch noch* sein? (Alternativen und Beispiele)
Und gemeinsam suchen wir *gute Gründe* für und selbst gegen unsere Argumente.
Dabei lassen wir den Kindern (vor allem den kleinen!) den Vortritt, damit sie nicht allzu schnell unsere Meinungen einfach übernehmen. Es geht uns hier nicht ums Belehren, sondern darum, gemeinsam nach möglichen (vorläufigen) Antworten und kleinen «Erhellungen» zu suchen.

**Unsere Köpfe sind rund, damit die Meinungen manchmal die Richtung wechseln können!**

# 2. Selber denken macht schlau!

## Nicht alle Kinder fragen so viel!

Ja, leider! Immer wieder erklären mir Eltern, dass ihr Kind nur selten Fragen stelle, und wenn, dann gehe es meistens um ganz praktische Dinge. Auch Kindergärtnerinnen und angehende Lehrpersonen kennen solche Schülerinnen und Schüler. Wie kommt das, und was ist dann zu tun? Meine Vermutungen gehen einerseits dahin, dass vom Typ her nicht alle Menschen das gleich starke Bedürfnis haben, ihre Gedanken mehreren Menschen oder gar einer ganzen Klasse mitzuteilen, und das ist zu respektieren. Wenn sich schweigsamere Kinder jedoch aus verschiedensten Gründen möglicherweise die Meinung gebildet haben, ihre Beiträge seien nicht willkommen oder gar unnötig, dann ist dringend Gegensteuer angebracht. Doch was könnten solche Gründe sein?

Eigenständige Gedanken werden den Kleinen noch viel zu wenig zugetraut, ihre fantasievollen Überlegungen oft amüsiert oder gar herablassend belächelt. Gut meinende Erwachsene, die den Kindern möglichst alle ihre Fragen beantworten wollen, vermitteln ihnen damit den Eindruck, dass es immer irgendwelche Antworten gebe und dass dafür eben die Grossen zuständig seien. In der Schule finden sich Kinder in dieser Ansicht dann mehrfach bestätigt und glauben, dass die Lehrpersonen alles wüssten. Da diese ihnen so viel Stoff und Können beibringen müssen, bleibt vor lauter Lernzielen wenig Zeit, sich mit den Kindern auch jenen Fragen zu widmen, die scheinbar keine messbaren Resultate und «richtigen» Antworten versprechen.

Selbstständiges Denken wäre im Unterricht zwar erwünscht und ist in vielen Lehrplänen sogar als Grobziel formuliert, aber wo, wann und wie man es den Kindern beibringen könnte, davon steht selten etwas in den Feinzielen. So verlieren selbst manche Kinder, die einst neugierig waren und viele Fragen gestellt haben, im Schulalter das Staunen und Sichwundern zusehends.

Mit philosophischen Gesprächen könnte man diesem Verlust zwar entgegenwirken. Bevor das Philosophieren jedoch in allen Schulen – und erst recht in den Kindergärten – etabliert werden kann, müssen wohl einige der weitverbreiteten Vorurteile über «die Philosophie» entstaubt und korrigiert werden. Noch immer herrscht zum Beispiel die abschreckende Meinung, dass es sich beim Philosophieren mit Kindern um «grosse» oder eben Fachphilosophie handle und dass man die Kinder mit den grossen Philosophen und deren komplexen Gedanken bekannt machen würde. Hier geht es aber um das «kleine» Philosophieren, die Alltagsphilosophie, die im Folgenden näher beschrieben wird. Es geht um die Tätigkeit des gründlichen, kritischen, kreativen und «fürsorglich teilnehmenden Denkens» und um Fragen, die unser aller Dasein und Zusammenleben in dieser Welt betreffen. Bei solchem Philosophieren untersuchen wir mittels der «Werkzeuge der schlauen Denker» (bestimmte Gesprächsmuster oder das Abc des Philosophierens) ein grosses Thema, das uns Menschen alle angehen kann, so lange, bis wir es zumindest etwas besser verstehen, aber ohne zu glauben, eine für immer und für alle gültige, abschliessende Antwort gefunden zu haben. Oder um es mit den Worten des Schweizer Philosophen Hans Saner zu sagen: **«Philosophieren ist die Kunst, Fragen zu stellen, ohne eine befriedigende Antwort zu erwarten.»** Sein grosser Lehrer, der Existenzphilosoph Karl Jaspers, nannte aber als mögliches Ziel: **«Philosophieren heisst, Fragen zu erhellen»**, was bedeutet, dass uns am Ende eines philosophischen Gespräches einiges klarer geworden sein sollte, weil wir gemeinsam verschiedene Aspekte einer Frage mit unserem Verstand – und hoffentlich auch mit unserer Herzensvernunft – untersucht und beleuchtet haben.

In den meisten Unterrichtsstunden hat die Schule das Ziel, den Kindern ein bestimmtes Wissen *beizubringen*. Beim Philosophieren können wir dieses Wissen nutzen. Der Schwerpunkt liegt jedoch nicht bei den erlernbaren Fakten und Antworten, sondern beim **Kultivieren der ursprünglichen Fähigkeit, sich zu wundern.** Dieses Staunen gibt den Anstoss, sich auf die Suche zu machen nach vertretbaren eigenen Antworten und Meinungen darüber: Wozu ist die Welt so, wie wir sie erleben? Warum gibt es nicht nur Schönes und Gutes, sondern auch Schmerz und Trauer? Wieso bin ich ich und nicht jemand anderes? Woher kommt die Welt überhaupt, und warum müssen wir alle einmal sterben?

Ein schönes Beispiel dazu erzählte mir Professor Thomas Jackson, der auf diese Weise mit Kindern in Hawaii philosophiert. Er fragte einst bei einem Besuch im Kindergarten, worüber die Kinder sich denn manchmal wunderten. Darauf meinte ein fünfjähriges Mädchen: *«Als ich kürzlich den Sternenhimmel sah, habe ich mich gefragt, ob es wohl etwas hinter den Sternen gebe.»* Nach einem fast einstündigen Gespräch einigten sich die Kinder vorsichtig darauf, dass Gott vielleicht eine der Antworten sein könnte. Doch auf dem Schulhof lief das kleine Mädchen dem Professor nach und fragte ihn: *«Doktor J. (Jay, so nennen ihn die Kinder), weisst du, worüber ich mich jetzt wundere? Wer hat dann Gott gemacht?»*

Solche Fragen hatten wir vermutlich einst alle, doch wann fragen *Schulkinder* noch so unbeschwert tiefgründig? Natürlich ist es wünschenswert, einen definierten Ort im Unterricht zu haben, wo die «Werkzeuge» eingeführt und an praktischen Beispielen geübt werden können. Aber auch wenn dazu bislang meist kein gesondertes Stundenplanfach vorgesehen ist, gibt es genügend gute Gelegenheiten, solches «little p-Philosophieren» einzubauen, zum Beispiel in Sprach- oder Literaturstunden, im Realienunterricht (über Geschichte und Geografie, über Mensch und Natur), ja sogar in der Mathematik oder Geometrie (Was sind eigentlich Zahlen? Was ist unendlich? Ist das Leben eine Strecke oder eine Gerade?) und natürlich besonders in der Sozial- oder Lebenskunde, in den Religions- oder Ethikstunden. In einigen Bundesländern Deutschlands wurde dafür in den Grund- und Hauptschulen das Fach «Philosophieren» bereits eingeführt, in andern – sowie auch in der Schweiz und in Österreich – wird ab und zu im Religionsunterricht philosophiert. Dort nennt man es «Theologisieren», wenn auf der Basis einer offenen christlichen Theologie gedacht und argumentiert wird. Immer öfter gibt es auch das Fach Ethik, wo Kinder sich über Werte und Normen Gedanken machen sollen. Doch auch jenseits solcher Fächer kommen Lehrerinnen und Lehrer nicht um moralische Themen und Wertfragen herum. Auch die Eltern sollten bereit sein, mit ihren Kindern zu besprechen, welchen Sinn ihre Anordnungen und Erwartungen haben, oder was sie – oder die Kinder – sonst alles im Leben für ganz wichtig halten.

**Um zu philosophischen «Erhellungen» zu gelangen, sind Beharrlichkeit und sorgfältiges Formulieren und Abwägen von Meinungen nötig,** und im Gegensatz zu alltäglichen Gesprächen wechselt man hier das einmal vorgenommene Thema nicht so schnell. Bei kleinen Abendgesprächen ist diese Beharrlichkeit natürlich nicht immer möglich, aber zumindest kann es auch da manchmal gelingen, die Kinder zu eigenen Gedanken anzuregen. Vielleicht kann man sie anderntags dann ermuntern, ihre Meinungen zu überprüfen und in Worten oder Zeichnungen darzustellen. Auch Kinderfragen auf die beschriebene Art weiterzuspinnen, ist an sich schon sehr wertvoll, denn dadurch gewöhnen sich die Kinder ans gemeinsame Nachdenken und Weiterdenken, fühlen sich ernst genommen und überraschen uns nicht selten mit originellen Ideen, die wir auf- und abgeklärten Erwachsenen oft gar nicht mehr zu denken gewagt hätten.

Und wenn dann doch ab und zu tatsächlich eine der ganz grossen philosophischen Fragen auftaucht – umso schöner! Dann nehmen sich hoffentlich sensibilisierte Mamas und Papas die dafür nötige Zeit, denn solche Gespräche haben die wunderschöne Eigenschaft, Menschen einander auf ganz besondere Weise näherzubringen.

Da in der Schweiz bislang nur wenige Lehrpersonen im Philosophieren mit Kindern speziell ausgebildet werden, leuchtet die Bedeutung des gemeinsamen Nachdenkens bei uns noch nicht allen gleichermassen ein. Wer aber den Wert solcher Gespräche versteht – und dazu hoffe ich mit meinem Buch beizutragen –, findet bestimmt auch Wege, selbst schweigsamere Kinder (wieder) an die grossen Fragen heranzuführen. Einige dieser Möglichkeiten, ihnen sowohl Fragen als auch eigene Antwortversuche zu entlocken, werde ich im Folgenden darstellen.

Ich beginne nochmals bei unseren jüngsten Philosophen und Philosophinnen.

Manche Vorschulkinder sind allgemein etwas zaghafter, andere draufgängerischer. Beide aber müssen passende Wege finden, sich im Leben zu behaupten. Die Schüchternen verlassen sich vielleicht lieber auf ihre Eltern, andere probieren eher gleich alles selber aus. Nun kommt es sehr darauf an, was die Bezugspersonen – in den ersten Lebensjahren natürlich vor allem Sie als Eltern – dem Kind zutrauen oder auch zumuten (müssen). So weit sind sich die meisten Psychologen und Psychologinnen einig. Damit ein Kind Selbstvertrauen und Selbstbewusstsein aufbauen kann, ist es hilfreich, wenn Sie es in seinem Verhalten und Sprechen aufmerksam beobachten und öfters ermutigen, allerlei eigene Versuche zu wagen. Dabei bewährt sich der Kernsatz der grossartigen Pädagogin Maria Montessori noch immer: **«Hilf mir, es selber zu tun»**, und zwar nicht nur, wenn das Kind seine Welt erkunden will, sondern auch dann, wenn es Fragen stellt und es ums Denken und Sprechen geht. Dazu gehört, dass ein Kind nicht immer gleich alle Antworten «serviert» bekommt, denn damit fördert man vor allem eine Art geistiger Konsumhaltung. Ermuntern Sie das Kind lieber in freundlichem Ton, doch selber nachzudenken, und zeigen Sie ihm, dass seine Ideen auf Ihr Interesse stossen. Dies kann zum Beispiel auch beim Erzählen von Gutenacht-Geschichten geschehen, indem Sie nicht auf Fragen des Kindes warten, sondern selbst die eine oder andere Frage einflechten und daraus ein Gespräch zu entwickeln versuchen. Auch Naturbeobachtungen im Garten oder auf Spaziergängen sind gute Gelegenheiten, Fragen zu provozieren. Wenn Sie Bilderbücher vorlesen, halten Sie da und dort inne, um eine Hebammenfrage zu platzieren.

Auch im Kindergarten und in der Schule gibt es Kinder, die sich seltener getrauen, das Wort zu ergreifen, während andere oft kaum zu bremsen sind. Eine **Gesprächskultur** aufzubauen und zu pflegen, in der sich alle wohl und sicher fühlen können, ist daher eine wichtige Aufgabe jeder Lehrperson. Dafür muss als Erstes eine Vertrauensbasis geschaffen werden, damit jedes Kind weiss: Hier bin ich angenommen und werde respektiert. Hier darf ich alles sagen, solange ich niemanden damit verletzen will. Hier sind all meine Fragen willkommen, und niemand findet mich deswegen dumm. In einem solchen Rahmen melden sich oft auch die stilleren Kinder zu Wort, und die lebhafteren lernen mit der Zeit, andern auch ihren Platz zu lassen. Dennoch kann es nicht das Ziel sein, dass sich alle immer gleich oft zu Wort melden, und wir sollten auch nicht davon ausgehen, dass nur die Sprechenden jeweils am Mitdenken seien. Was wir jedoch langfristig erreichen möchten, ist, dass die Kinder einander aufmerksam zuhören, dass sie aufeinander eingehen lernen und verstehen, dass es uns in den «philosophischen» Gesprächen um eine **gemeinsame Suche nach Erkenntnissen** geht und nicht um einen Wettstreit, wer «Recht» hat oder wer der/die Schlauere ist.

## So philosophieren Kinder in Hawaii

Der **Philosophie-Professor Thomas E. Jackson**, von Studierenden und Kindern liebevoll «Doktor J.» genannt, ist seit 1984 Direktor des «Philosophy in the Schools Project's» der Manoa-Universität von Hawaii. Er bildet Lehrpersonen für alle Altersstufen im Philosophieren mit Kindern und Jugendlichen aus und begleitet sie in ihrem Unterricht. In Zusammenarbeit mit einer japanischen Bildungsstiftung gründete er in Honolulu ein Zentrum für «P4CH» (Philosophy for Children Hawaii). Dort geht es um **die alltägliche Tätigkeit des Philosophierens**, die Jackson «little p» nennt. Demgegenüber bezeichnet er die akademisch-wissenschaftliche Philosophie als «Big P».

Jacksons Tätigkeit erstreckt sich von Japan und China über das amerikanische Festland und Brasilien bis nach Europa. Sein Spezialgebiet ist das Zusammenkommen östlicher und westlicher Denkformen, und dies passt wohl nirgends besser in die (kinder-)philosophische Landschaft als in Jacksons Wahlheimat Hawaii, dem urtümlichen Pazifikstaat mit dem buntesten Völkergemisch aus Ost und West.

Aus Jacksons noch unveröffentlichtem Manuskript «Getting Started in Philosophy» und seinen weiteren Texten über philosophische Anfangslektionen im Kindergarten und in Grundschulen von Hawaii darf ich an dieser Stelle einige einfache Spiele und ganz konkrete Tipps für die Praxis weitergeben.

Dem Aufbau einer guten **Gesprächskultur** und dem sogenannten «physically, emotionally and intellectually **safe place**» (physisch, emotional und intellektuell sicherer Ort) widmet der hawaiianische Kinderphilosoph Thomas Jackson die grösste Aufmerksamkeit. Wie wichtig es ist, dass Kinder sich in der Schule körperlich und emotional geborgen fühlen dürfen, ist uns wohl allen klar, wenn es auch nicht überall wunschgemäss der Fall ist. Mit *intellektueller* Sicherheit meint Jackson, dass niemand denken sollte, seine Beiträge seien zu klein oder zu unbedeutend, um der Runde zugemutet zu werden. Die meisten von uns kennen aber solche Situationen aus eigenen Schulerfahrungen oder beruflichen Sitzungen: Eine lebhafte Diskussion ist im Gange, und plötzlich kommt mir ein toller Gedanke, den ich einwerfen möchte. Aber ist der überhaupt wichtig genug, dass ich mich jetzt damit einmische? Kann ich ihn überzeugend formulieren? Ist meine Meinung wirklich gefragt? Wenn ich dann eher zurückkrebse, anstatt mich einzubringen, war das ein «*unsafe place*», und den sollten Kinder nicht erleben müssen, weil er das kreative, unkonventionelle Denken bremst, noch bevor es sich richtig entfalten kann. Für die philosophischen Gesprächsrunden aber ist gerade dieses unvoreingenommene, schrankenlose Denken besonders fruchtbar, denn wir wollen einander nicht nur lustige Geschichtchen oder Erfahrungen erzählen, sondern einer bestimmten Frage auf den Grund gehen. Auch dafür hat Jackson einen treffenden Ausdruck gefunden: **«to scratch beneath the surface»** – sich unter die Oberfläche graben, in die Tiefe schürfen.

Zur dreifachen «safety» (Sicherheit) erweist sich für Kinder eine gewisse **Ritualisierung** als sehr hilfreich, deshalb setzen sich zum Philosophieren alle – auch die Lehrperson! – in einen Kreis ohne Tische dazwischen. So kann jede/r jede/n sehen und man versteht einander besser, weil auch Mimik und Gestik wahrgenommen werden. Sinnvolle Gesprächsregeln werden nach und nach mit den Kindern entwickelt und ausgehandelt. Schon nach wenigen Gesprächen im Kreis, bei denen der Klassen-Seehund namens «Spot» herumgereicht wurde, hatten zum Beispiel die Erstklässler/-innen der Waikiki Elementary School in Honolulu die folgenden – erstaunlichen! – Regeln für ihre «little p4c (philosophy for children)»-Runden aufgestellt.

**«Phi – los – o – phy»**

1. *Laugh with each other* (miteinander lachen) wurde als Erstes genannt (emotionale Sicherheit), gefolgt von
2. *Listen* (zuhören). Damit ist als Zielvorstellung nicht nur einfach das Zuhören gemeint, bei dem man sich manchmal schon eine eigene Erwiderung zurechtlegt, sondern eine empathische Zuwendung zur sprechenden Person, weil man wirklich verstehen möchte, was diese meint.
3. *Say the person's name* (Sag der Person den Namen), wenn du ihr Spot zuwirfst.
4. *Talk when you have Spot.* (Sprich, wenn du Spot hast.)
5. *Pass underhand!* (Wirf Spot vorsichtig zu.)
6. *Wonder together!* (Wundern wir uns

Mit dem Wort **«Phi – los – o – phy»** ist ein weiteres Ritual dieser Klasse angedeutet, das dem Bewegungsdrang vor allem der kleineren Kinder sehr entgegenkommt: Vor jeder Gesprächsrunde wurde das Wort mehrmals rapartig gesungen und mit rhythmischem Klatschen begleitet. Dies habe ich seither in ähnlicher Form für mehrere Schulklassen eingesetzt, wobei ich jedem Wortteil eine kleine Erklärung beifügte:

**«Phil – o – so – phie – ren»**

**«Phil»** – Mit ausgestreckten Armen und Händen versuchen wir, die grosse imaginäre Weltkugel zu umfassen: so «phiel» gibt es da zu sehen!
**«o»** – so viel! Dabei klatschen wir ein Mal über dem Kopf …
**«so»** – … und ein zweites Mal auf die Schenkel: So ist das mit den Wundern der Welt!
**«phie»** – Nun hören wir der Welt und allem darauf aufmerksam zu: Mit beiden Händen hinter unseren Ohren lauschen wir und sehen uns dabei um …
**«ren»** – … und was wir alles vernommen und entdeckt haben, schliessen wir ins Herz ein: beide Hände sorgfältig aufs Herz legen.

Mit diesem kleinen Einstieg gelingt es selbst in zappeligen Gruppen, die Kinder zu sammeln und zur Ruhe und Konzentration zu führen.

Ein weiteres, sehr hilfreiches methodisches Element ist der Sprechball. Dieser **«Community Ball» (Gemeinschaftsball)** ist eine Art Pompon, den eine Kindergruppe gemeinsam anfertigt. Dazu darf sich jedes Kind einen Wollrest seiner Lieblingsfarbe auswählen und diesen, wenn es an der Reihe ist, über einen längs zusammengefalteten Karton (gefaltet etwa 15 cm lang und 5 cm breit) wickeln. Zuvor aber legt man ein starkes Garn in den Falz, so dass auf beiden Seiten ein genug langes Stück Garn heraushängt, um damit zum Schluss die Wollfäden zum Pompon zu schnüren. Wenn der Doppelkarton bunt und dicht überwickelt ist, knüpft die Lehrperson die vorstehenden Garnenden bei der offenen Kante provisorisch zusammen und schneidet den Karton samt allen Wollfäden entlang der anderen Kante entzwei. Dies ist etwas knifflig, weil die zerschnittenen Fäden nicht aus dem provisorischen Bündel fallen sollten. Erst wenn man den zweigeteilten Karton sorgfältig entfernt hat – ohne dabei die Wolle loszulassen! –, wird das Garn definitiv und möglichst eng um die Wollstücke zusammengezogen und verknüpft. Fertig ist der zottelige Sprechball, den man je nach Bedarf noch etwas frisieren kann.

Kinder lieben dieses Gemeinschaftswerk, das sie alle symbolisch zu einem Team vereinigt, ohne dass man die eigene «Farbe» aufgeben muss. So soll es auch beim Philosophieren sein: Viele unterschiedlich «gefärbte» Meinungen dürfen zu einem Thema geäussert werden. Der bunte Zottelball gibt nun in den philosophischen Gesprächsrunden sozusagen den Ton an: Wer ihn bekommt, hat das Wort, alle andern hören zu. Danach spielt man den Ball – auch im übertragenen Sinne – dem nächsten Kind zu, oder manchmal der Kindergärtnerin, denn diese gehört gleichberechtigt zum Team und darf ebenfalls ihre Ideen beisteuern. Da kleine Kinder aber sehr schnell bereit sind, die Meinungen der Erwachsenen zu übernehmen, ist hier doch etwas Zurückhaltung geboten. Meinen Studierenden rate ich jeweils zu zwei Ausnahme-Regelungen, einer für die Gesprächsleiterin und einer für alle Kinder: Wer leitet, darf auch ohne Ball methodisch ins Gespräch eingreifen, ausser wenn man etwas Inhaltliches beitragen will. Dann muss man den Ball erbitten. Die Kinder dürfen ohne Ball jederzeit eine Frage an den Sprechenden stellen, wobei sie aber lernen müssen, das Kind mit dem Ball zuerst ausreden zu lassen.

Das Spiel mit dem Sprechball bewirkt, dass die Kinder einander eher zuhören, weil sie automatisch zum Zottel hinsehen. Zudem ermöglicht es dem sprechenden Kind, sich die nötige Zeit zu nehmen, um seine Gedanken zu formulieren und «den Faden nicht zu verlieren». «Doktor J.» empfiehlt ausserdem, dass man vor dem Werfen des Balles die Person mit Namen ansprechen soll, was die Erstklässler der Waikiki School bereitwillig in ihre Regeln aufgenommen haben. Offenbar hilft dies alles beim Aufbau des erwähnten «safe place», der die Voraussetzung für eine erfreuliche Kommunikation darstellt. Weitere klare Regeln gehören dazu, zum Beispiel die, dass man alles sagen darf, solange man es mit Respekt tut, oder dass niemand heruntergemacht oder ausgelacht werden darf. Findet man etwas komisch oder witzig, ist Lachen durchaus in Ordnung, findet man etwas sehr seltsam, meldet man sich vielleicht zu Wort mit dem Werkzeug «W – What do you mean by ...?» («Was meinst du mit ...?»).

**«Die Werkzeugkiste der schlauen Denker»** – so übersetzte die österreichische Kinderphilosophin Doris Daurer Jacksons «The Good Thinker's Toolkit». Diese Werkzeugkiste enthält sieben «Tools», die man beim Philosophieren anwendet, ob es sich dabei nun um «Big P» (Fachphilosophie) oder «little p» (Alltagsphilosophie) handelt. Schon im Kindergarten können diese Werkzeuge nach und nach eingeführt und geübt werden. Sobald die Kinder ein wenig lesen und schreiben gelernt haben, wird von jedem Werkzeug ein zentraler Buchstabe auf eine Karte geschrieben und in den Sitzkreis gelegt. Wer den Sprechball gerade nicht selber hat, kann nun jederzeit eine der Werkzeug-Karten aufheben und damit stumm anzeigen, dass er oder sie eine Frage oder einen andern Beitrag einbringen möchte.

**Die Werkzeuge (Tools) der schlauen Denker**

**S: Stimmt das wirklich so?**
**Ist es immer/bei allen so?**
**Könnte es vielleicht noch anders sein?**

**B: Gib ein Beispiel, das deine Meinung unterstützt!**

**GB: Wer weiss ein Gegenbeispiel?**

**W: Was meinst du mit ... (diesem Wort/Begriff/dieser Aussage)?**
**Welche ähnlichen Begriffe könnte es geben?**
**Was wären entgegengesetzte Begriffe?**

**G: Gib einen Grund an! Was könnte dafür sprechen/was dagegen?**
**Wie kommst du darauf?**
**Ist es ein überzeugender Grund?**
**Warum (nicht)?**

**A: Welche Annahme steckt dahinter? Trifft sie zu?**

**F: Welche Folgerung können wir ableiten? Ist sie logisch und schlüssig?**

**Diese beiden Tools hängen häufig zusammen: Wenn ..., dann ...**

Mit dem «W – Was meinst du mit ...?» fordert ein Kind – oder auch die Lehrerin – zum Beispiel dazu auf, eine Aussage zu präzisieren oder ein benutztes Wort zu erklären. Mit dem «G» signalisiert man: «Ich weiss einen Grund dafür!» oder man fragt den Sprechenden: «Wie kannst du deine Behauptung begründen?» Das Werkzeug «S» hinterfragt: «Stimmt die gemachte Aussage tatsächlich? Trifft sie immer zu? Könnte es Alternativen geben?» und so weiter. Für geübtere Philosophinnen und Philosophen kommen später noch weitere Werkzeuge hinzu.

**Beispiele für typische «Toolkit»-Fragen:**

Beim **Werkzeug «W»** geht es immer um Klärungen eines Begriffs (Was genau ist gemeint mit Welt? Oder mit Baum, Stein, Haus ... Es gibt sie doch auf so verschiedene Arten!) oder einer ganzen Aussage (Wie denkst du dir das?). Wir wollen damit genauer verstehen, was mit einem Wort oder Ausdruck gemeint ist. Dazu suchen wir Ähnliches und verwandte Wörter oder auch Gegenteiliges, und wir fragen nach den Unterschieden. So verstehen wir hoffentlich allmählich besser, was jemand aussagen wollte. Eng verbunden mit solchen «W»-Fragen sind deshalb die **Fragen nach «B» (Beispielen) und «GB» (Gegenbeispielen)**, wie sie unter anderem bei den Gesprächen über die Wolkenfragen im ersten Kapitel vorkgekommen sind:

- Als Dennis behauptete, Gott mache das Leben, fragte ich ihn: «Was meinst du mit ‹Leben›?» Um diesen Begriff zu klären, suchten wir Beispiele: Was lebt denn alles? (Tiere, Pflanzen, Menschen) und Gegenbeispiele: Lebt das Wasser eigentlich auch?
- Als Alina fragte: «Warum hört der Himmel nie auf?», suchten wir mit dem «W» und dem «B» nach den verschiedenen Bedeutungen des Wortes «Himmel» und fanden dabei mehrere Beispiele: Sternenhimmel, Weltall, Luftraum, Himmel auf Erden ... «Und welchen dieser Himmel meintest du denn jetzt eigentlich?»

Bei den Fragen dieser beiden Kinder drängte sich das ganz grosse Werkzeug aller Philosophierenden auf, das hinterfragende **«S»: Stimmt das überhaupt?**

- Ist es wirklich so, dass Gott das Leben macht? Wer könnte geholfen haben? Wie?
- Trifft die Behauptung zu, dass das alle wissen? Wie kommst du darauf, dass es alle wissen? Wie kann man das denn überhaupt wissen?
- Stimmt es wirklich, dass der Himmel nie aufhört? Hört denn der Luftraum auch nirgends auf? Und wie steht es mit dem Himmel auf Erden? Ist der immer da oder hört er auf, wenn ich nicht mehr glücklich bin?

Und dem «S»-Werkzeug schickten wir gleich das **«G» für Gründe/Begründungen** nach, damit die Meinungen mehr Gewicht bekamen:

- Wie kommst du darauf, dass der Himmel nie aufhört?
- Weshalb meinst du, Gott könne nicht alles Leben selber gemacht haben?
- Was spricht dafür, dass die Sonne beteiligt gewesen sein könnte?
- Auf welche Weise könnte das Wasser geholfen haben?

Die etwas komplexeren **Werkzeuge «A» für Annahmen und «F» für Folgerungen** kamen in jenem Gespräch zwar schon vor, doch ging ich mit den Achtjährigen noch nicht speziell darauf ein.

- «Wenn Gott alles Leben ganz allein gemacht hätte (Annahme), dann hätte es viel länger gedauert (Folgerung), weil es so viele Menschen und Tiere gibt auf dieser Welt. Aber das wissen wir ja nicht, wir können es nur *annehmen*.»
- Als Lena sagte: «Ich weiss nicht, wozu wir die Sterne brauchen», ging sie von der Annahme aus, *dass* wir sie brauchen. Aber: «S»! Stimmt diese Annahme?
- Als Alina fragte: «Warum hört der Himmel nie auf?», hinterfragte sie nicht, ob er überhaupt aufhöre. Ebenso nahm sie an, dass «nie» eine örtliche Angabe sei. Hier wäre

eigentlich mit einer «W»-Frage zu präzisieren gewesen: Meinst du «nirgends» (örtlich) oder «nie» (zeitlich)?

- In ihrer erstaunlichen Logik folgerte sie: «Die Erde ist ja rund und überall hat es oben Himmel, dann hört es nie auf, weil die Erde ja auch nie aufhört!»

Auch solche Folgerungen laden dazu ein, weiterzufragen und sie kritisch zu überprüfen. Nur so gelingt es geübteren Philosophinnen und Philosophen «to scratch beneath the surface» – tiefer unter die Oberfläche zu gelangen und so wirklich neue Erkenntnisse und «Weisheiten» ans Tageslicht zu befördern.

## Einführung in den Gebrauch der Werkzeuge

Die sieben Tools werden nach und nach eingeführt und mit kleinen Spielchen – auch ohne philosophischen Tiefgang – geübt. Mit meiner bereits erwähnten Kindergruppe tat ich dies zum Beispiel mithilfe eines witzigen Bilderbuches, bei dem zu verschiedenen Tier-Fragen jeweils eine Begründung gegeben werden sollte.

**Lila Prap: Warum?** (Bajazzo Verlag Zürich 2007) *«14 Warum(s) zu 14 Tieren. 56 falsche Antworten und 14 richtige. Ein Spass- und Sachbuch.»* Noch vor dem ersten Warum wendet sich ein Elefant an die kleinen Leseratten:

*«Liebe neugierige Freunde!*
*Sollten euch die Antworten auf die Fragen in diesem Buch nicht gefallen, ja, solltet ihr auch die richtigen Antworten nicht mögen, dann sucht und findet eigene! Warum nicht? Und übrigens, wenn es euch ärgert, wie einige Tiere aussehen, dann erfindet doch bitte neue!»*

*«Warum haben die Giraffen lange Hälse?»*
– *«Sie verschlingen die Spaghetti immer ungekocht.»*
– *«Damit sie das Knurren ihres Magens nicht hören.»*
– *«Um mit den Köpfen in den Wolken zu sein.»*
– *«Keine Ahnung.»*
*???*

In kleinster Schrift stehen am Bildrand dann noch ein paar zoologisch zutreffende «richtige» Antworten, welche die Kinder zum Schluss jeweils lesen durften. Zuvor aber sollten sie selber weitere lustige Begründungen für die langen Hälse erfinden, was sie mit grossem Vergnügen und viel Gekicher taten. Zum Abschluss malten alle selbst ein Tier und schrieben eine Warum-Frage dazu. Das Bild zeigten sie den andern Kindern, die dann witzige und «richtige» Begründungen dafür geben mussten.

Ein anderes Mal, nachdem wir «Himmelsfragen» gesucht hatten, übten wir das **Werkzeug «G» (Begründen)** mit dem «Sonnenthron»: Ein Kind setzte sich auf einen Stuhl, den wir als Sonnenthron auf einen Tisch gestellt hatten. Alle anderen Kinder sassen auf dem Boden und stellten der «Sonne» irgendwelche Himmelsfragen. Solange sich das Kind auf dem Thron eine Antwort – ob «wahre» Begründung oder fantastische – ausdenken konnte, blieb es oben sitzen. Hatte es keine Ideen mehr, wurde jemand anderes zur Sonne.

Um schon den Kleinsten im Kindergarten das Begründen anzugewöhnen, hat «Doktor J.» seine eigene Methode: Als wieder einmal alle im Kreis sassen und etwas diskutierten, rief er plötzlich dazwischen: «Stopp! Habt ihr das gehört? ...» Alle Augen waren jetzt auf ihn gerichtet. «Olivia hat ‹because› (‹weil›) gesagt!» Erstaunt über seinen Ausbruch von Begeisterung, wurden alle Augen noch etwas grösser. «Ja, Olivia hat ‹weil› gesagt, das heisst, sie hat einen *Grund* angegeben! Und wisst ihr was? So was tun die Philosophen eben! Und von jetzt an, wann immer ihr jemanden ‹weil› sagen hört, klatscht ihr euch aufs Knie (er machte es geräuschvoll vor) und ruft dazu ‹Ups!›. Einverstanden?» Und natürlich begannen die Kinder sehr bald, jedes «because ...» mit lautem Klatschen und «Ups!»-Rufen zu quittieren. Klar auch, dass sie, sooft es sich machen liess, selbst «because ...» sagten, um das Klatschen der andern auszulösen.

Das Begründen ist in der Tat eines der wichtigsten Werkzeuge, weil man damit seinen Annahmen oder Behauptungen Nachdruck verleihen kann. Bildlich gesprochen: Wer einen festen «Stand»-Punkt einnehmen will, tut gut daran, sich auf sicheren «Grund» und Boden zu stellen. Aber den Philosophinnen und Philosophen genügt dafür nicht jede Begründung! Witzige Antworten mögen uns zwar erfreuen und machen Spass; wenn wir aber ernsthaft an «richtigen» Antworten und Erklärungen interessiert sind, geht das Begründen gleich weiter, weil jemand das **Werkzeug «S» (Stimmt das denn wirklich?)** zücken wird.

Ein Kind behauptet, alle Schwäne seien weiss.

| | |
|---|---|
| Kind 2: | «*Wieso?*» (fordert eine Begründung – «G») |
| Kind 1 | (begründet mit einem Beispiel – «B»): «*Weil ich die Schwäne auf dem See gesehen habe, und die waren alle weiss!*» |
| Kind 3 | (weiss ein Gegenbeispiel – «GB») «*Aber es gibt doch auch schwarze!*» |
| Kind 1 | (hinterfragt mit Werkzeug «S»): «*Woher willst du das wissen?*» |
| Kind 3 | (begründet – «G»): «*Das hat mir mein Freund gesagt, und der lügt nicht.*» |
| Kind 1 | (lässt nicht locker): «*Und woher weiss der es? Vielleicht irrte er sich ja und wollte dich gar nicht anlügen, oder er hat es nur zum Spass gesagt ...*» |
| Kind 4 | (meldet sich mit der Karte «GB»): «*Aber ich habe schon mal einen schwarzen Schwan in einem Buch gesehen!*» |
| Lehrerin: | «*Ist das ein guter Grund? Warum vielleicht nicht?*» |
| Kind 5: | «*Wenn es ein Märchenbuch war, gibt es vielleicht nur dort einen schwarzen Schwan, aber nicht in Wirklichkeit.*» |
| Kind 4: | «*Das war aber kein Märchenbuch, sondern ein Tierlexikon.*» |
| Lehrerin: | «*Und was ist denn der Unterschied?*» |
| Kind 2: | «*Im Märchenbuch könnte der Schwan auch grün oder gelb oder irgendwie sein, aber in einem Tierbuch gibt es nur richtige Schwäne, und zwar schwarze und weisse.*» |
| Kind 1: | «*Siehst du, dann habe ich eben lauter weisse Schwäne gesehen, weil auf diesem See keine schwarzen waren.*» |

Um Begründungen noch festeren «Boden» zu geben, helfen oft die **Werkzeuge «B» (Beispiel) und «GB» (Gegenbeispiel)**, wie in dem kleinen Gespräch über Schwäne. Zugegeben, diesen Dialog habe ich frei erfunden. Doch habe ich Dutzende ähnlicher Gespräche tatsächlich erlebt. Die Werkzeuge «B» und «GB» sind gerade für kleinere Kinder, die noch weniger abstraktionsfähig sind, besonders hilfreich. Beispiele können eine Meinung stützen, Gegenbeipiele aber zeigen, dass eine These («Alle Schwäne sind weiss») revidiert werden muss. Ähnliches konnten wir schon beim Löffelchen-Spiel des Babys sehen, das seine These, dass alles zu Boden falle, was man loslässt, wegen des Ballons neu überdenken musste. Und mit denselben Denkmustern geht man im Übrigen auch in der Wissenschaft vor. Durch viele Beispiele und wiederholte Experimente mit immer gleichem Ergebnis versucht man, eine Hypothese zu verifizieren. Doch ein einziges Gegenbeispiel führt schneller zu genaueren Erkenntnissen, weil durch die sogenannte Falsifizierung auf einen Schlag klar wird, dass etwas an der These noch nicht ganz stimmen kann.

In diesen Beispielen – ob Löffelchen oder Schwäne – wurden die philosophischen Werkzeuge (unbewusst) dazu benutzt, der «Wahrheit» näherzukommen. Inhaltlich handelte es sich aber nicht um eine der «grossen» Fragen, bei denen niemand eine endgültige Antwort hat, sondern um eine durchaus versteh- und erklärbare. Ob man dies dennoch schon Philosophieren nennen will – da doch die Werkzeugkiste angewendet wurde – oder eher nicht – weil es eben nicht um eine «grosse» Frage ging –, scheint mir sekundär. Für sehr wichtig hingegen halte ich die Tatsache, dass hier sorgfältiges und schon recht selbstständiges Denken stattgefunden hat und die Kinder dabei zu neuen Erkenntnissen gelangt sind. Mit der «Werkzeugkiste der schlauen Denker» werden sie später bestimmt auch die grösseren Fragen geschickter anpacken können.

Nicht immer wird am **Ende eines philosophischen Klassengespräches** eine Frage schon genügend erhellt sein. Offen Gebliebenes nimmt man vielleicht später wieder auf, wenn die Kinder dies wünschen, und manche Themen werden uns bestimmt immer wieder beschäftigen, denn das ist typisch für die grossen Fragen. Manche Kinder – und selbst Erwachsene – stören sich zwar vielleicht daran, dass am Schluss eines Gesprächs scheinbar kein Ziel erreicht wurde. War es also vergeudete Zeit? Das wäre für mich höchstens dann der Fall, wenn gar kein eigentliches Philosophieren stattgefunden und das Plaudern auch sonst niemandem etwas gebracht hätte.

Jackson spricht beim Philosophieren von drei möglichen **Arten von Fortschritt** oder Zielen:

- Es kann sein, dass man am Ende verwirrter ist als zu Beginn des Gesprächs. Der Fortschritt besteht in diesem Fall darin, dass man merkt, dass ein Problem viel komplexer ist, als man gemeint hat.
- Vielleicht hat man aber auch Zusammenhänge zu anderen Fragen oder Themen erkannt, die einem zuvor nicht aufgefallen waren.
- Drittens schliesslich wäre es immerhin möglich, sich einer Antwort ein Stück genähert zu haben. Dabei handelt es sich zwar meist um vorläufige Antworten, die uns aber vielleicht dennoch ein paar Schritte weiterbringen. Durch Einbezug neuer Erfahrungen können wir später unser Verständnis immer noch erweitern, denn das Philosophieren ist eben ein lebenslanger Prozess!

Jackson empfiehlt eine Evaluation jedes philosophischen Gesprächs, um den Wert des momentan Erreichten besser zu verstehen und zu würdigen. Per Daumensprache soll die Lehrperson mit den Kindern die folgenden zwei Aspekte reflektieren:

### Evaluation

**Wie haben wir als Team zusammengearbeitet?**
**Wie war unser Gespräch?**

**Zur Gemeinschaft** stellen wir zum Beispiel diese Fragen:

- Wie gut haben wir einander zugehört? Hast du selber gut zugehört? Wurde dir gut zugehört?
- Wie warst du beteiligt? Warst du mit deinen Gedanken immer am Thema? Konntest du dich genügend einbringen?
- Hast du dich in der Gemeinschaft wohl und sicher gefühlt?

**Zur Gesprächsqualität** variieren wir je nach gerade geübten Schwerpunkten:

- Haben wir uns ans gewählte Thema gehalten?
- Sind wir in die Tiefe gegangen mit unserer Untersuchung?
- Haben wir genügend Gründe, Beispiele und Gegenbeispiele genannt?
- Waren uns die verwendeten Begriffe alle klar?
- Haben wir Neues erfahren oder gedacht?
- War es interessant? Hat es Spass gemacht?

Bei beiden Schwerpunkten werden ein paar Fragen zur Auswertung gestellt, und die Kinder zeigen mit «Thumbs up or down?» – Daumen hoch oder runter – an, ob sie ganz, teilweise oder gar nicht zustimmen. Am besten schliessen die Kinder dazu die Augen, damit sie nicht von andern abgelenkt oder beeinflusst werden.

Diese Evaluation ist Jackson ebenso wichtig wie das ganze Gespräch, denn jetzt findet nicht nur ein Denken über irgendeine Frage statt, sondern das eigentliche Nach-Denken oder Re-flektieren (wörtlich: sich zurückbeugen zu sich selbst): Wir denken über uns selbst und die Qualität unseres Denkens nach, wie es die Philosophen seit Sokrates immer wieder getan haben. Wer sind wir? Was können wir? Wie sollen wir handeln?

Selbst wenn nicht in der Schule, sondern im kleinen Kreis der Familie miteinander philosophiert wird, lohnt es sich, ab und zu auf die sogenannte Meta-Ebene zu gehen und einige der genannten Fragen gemeinsam zu beantworten. Auch im privaten Zusammenleben gibt es mehr zu teilen als nur gerade die alltäglichen Sachthemen! Dazu ist es gut, die Werkzeuge zu kennen und bei sehr lebhaften Kindern sogar einen Gesprächsball zu benützen. So kommen eher alle zu Wort, ob Klein oder Grösser, und das Philosophieren wird zur anregenden, lustvollen Beziehungspflege.

### Literaturtipps zur Kinderphilosophie nach Thomas Jackson

**Maria Eitzinger: Ist Philosophieren mit Kindern Philosophie?**
Saarbrücken 2008
Hier wird Jacksons p4cH noch ausführlicher beschrieben.

Ebenso bei:
**Kornelia Möderle: Philosophieren mit Jugendlichen nach Thomas Jackson**
Magisterarbeit Innsbruck 2008

# 3. Mit Kinderbüchern Gespräche anzetteln

## Wer bin ich? – Philosophieren mit Bilderbüchern zur Identität

Was war Ihr Lieblingsbuch zu Kinderzeiten? Meines hiess einfach **«Pitschi»**, und es steht ganz abgegriffen noch immer bei meinen Bilderbuch-Schätzen. **Hans Fischer** hat es vor über 60 Jahren gezeichnet und dem kleinen Kätzchen, das sich über vieles wundert und in allerlei Schwierigkeiten gerät, sogar mehrere köstliche Bilderbücher gewidmet. Der Zürcher Künstler ist leider nur 49 Jahre alt geworden, sein «Pitschi» aber lebt weiter. Das Buch wird immer wieder neu aufgelegt, weil Kinder das schwarz-weisse Schmuse-Tierchen auch heute noch ins glühende Herz schliessen. Wie kommt das? Weshalb sind manche Kinderbücher über Jahrzehnte hinweg selbst für moderne Kinder so attraktiv?

Im «Käuzli», meiner Dokumentationsstelle für Kinderphilosophie, stehen weit über tausend Kinderbücher, die im Laufe der Jahre den Weg zu mir gefunden haben. Viele sind längst vergriffen, manche haben es kaum über die Erstauflage hinaus geschafft. Eine ganze Menge der Geschichten aber erfahren seit Jahren oder sogar Jahrzehnten immer wieder neue Auflagen, und mir ist längst aufgefallen, dass gewisse Namen in dieser Kategorie gehäuft anzutreffen sind: allen voran natürlich Astrid Lindgren oder auch Michael Ende, bei den Bilderbüchern Leo Lionni, Max Velthuijs, Helme Heine, Doris Lecher, David McKee, Antje Damm und Wolf Erlbruch ... Der Grund, weshalb ich bei diesen – und einer ganzen Reihe weiteren! – Autorinnen und Autoren jedes Mal hellhörig werde, wenn ein neues Buch erscheint, ist, dass diese Künstler/-innen Geschichten erzählen, die (fast) jedem Kind passieren könnten, und sie tun es in einer Bildersprache, die Kindern nicht übersetzt zu werden braucht. Jedes Kind *ist* Pitschi, wenn das Kätzchen versucht, so stolz wie der Hofhahn zu krähen oder sich mit zwei Stecklein als Hörner in Lisettes Ziege zu verwandeln. Kein Kind möchte Helme Heines Johnny Mauser *nicht* zum Freund haben, und alle verstehen David McKees Elmar, der nicht bunt, sondern so grau sein will wie alle Elefanten. Aber mit ihm – oder mit Pitschi – entdecken sie, wie gut es tut, wenn man sich selber sein darf.

Wer bin ich? Was kann ich? Wer passt zu mir und was macht mich aus? Es sind philosophische Fragen, welche die Kinder in solchen Geschichten herausspüren, und es sind auch ihre eigenen. Es sind **Themen, die sie betreffen**, Persönlichkeiten – oft in Tiergestalt –, mit welchen sie sich identifizieren, auch ohne dass man sie dazu auffordert. Indem wir mit den Kindern über die Figuren in den Geschichten nachdenken, denken wir auch über uns selber und das Leben insgesamt nach – wir philosophieren!

In einer ersten Klasse unterrichtete eine Lehrerin das Lesen und Schreiben unter anderem mit dem Pitschi-Buch. An der Stelle, wo Pitschi als einziges der fünf jungen Kätzchen hellwach im Körbchen sitzt, während alle andern tief schlafen, hatte die Lehrerin neben dem Kätzchen eine Sprechblase hinzugefügt. Die Kinder durften dort hineinschreiben, was Pitschi wohl gerade dachte. Hana krakelte hinein:

Manche Kinder stellen von sich aus Fragen, wenn sie ein Bilderbuch vorgelesen oder erzählt bekommen, andere müssen vielleicht erst auf die Idee gebracht werden, dass Geschichten nicht nur zum Konsumieren gedacht sind. Dann hilft es, sich ein wenig vorzubereiten, damit vielleicht kleine – und manchmal sogar grosse, philosophische – Gespräche zustande kommen. Dazu kann man auch als Eltern die «Werkzeugkiste der schlauen Denker» zu Hilfe nehmen, wie das die Lehrerin mit der Sprechblase zu Pitschi getan hat. Sie hatte zum Bild der schlafenden Kätzchen geschrieben: «Nur eins der kleinen Kätzchen ist noch wach. Es schaut erstaunt umher und denkt sich allerlei. Was denkt es wohl?» Damit hat sie das Werkzeug «B», «Gib ein Beispiel», provoziert und bei der kleinen Hana sogar eine erstaunte Warum-Frage ausgelöst.

Wenn ich es gezielt auf ein Gespräch abgesehen habe, schaue ich mir ein Bilderbuch natürlich zuerst einmal gründlich an, «lese» die Geschichte *und* die Illustrationen: Worum geht es? Wovon handelt das Buch? Was erzählen die Bilder, was übermittelt die Sprache? Was steht zwischen den Zeilen und welche Wirkung lösen die Darstellungen aus? Gibt der/die Autor/-in eine «Moral von der Geschichte» vor? Welche alternativen Lösungen eines aufgeworfenen Problems könnte man sich vorstellen? Ich überlege mir auch, wie Kinder wohl darauf reagieren könnten. Wo werden sie vermutlich von sich aus Kommentare geben oder lachen, vielleicht sogar etwas fragen? Was wird sie besonders interessieren? Welche vergleichbaren Erfahrungen der Kinder könnten damit angesprochen, welche Gefühle ausgelöst werden? Zum Schluss suche ich Stellen in der Geschichte, wo ich die eine oder andere Frage platzieren könnte, welche die Kinder zum Denken anregen soll. Ich formuliere solche Hebammenfragen vielleicht sogar schriftlich und natürlich dem Alter der Kinder angepasst. Dies dient aber nur dazu, dass mir beim Erzählen die Fragen eher wieder einfallen, denn ich gehe selbstverständlich nicht mit meinem Notizblock ins Kinderzimmer, wie wenn ich ein Interview machen wollte. Klar auch, dass Eltern nicht bei jeder Gutenachtgeschichte all diesen Aufwand betreiben werden.

**Hebammenfragen zu Pitschi**

- Pitschi denkt, es sei auch ein Hahn, weil es doch auch so schön krähen kann. Hat es denn Recht damit? (hinterfragen: Werkzeug S) Warum nicht? (begründen: G)
- Wie unterscheidet sich das Kätzchen vom Hahn? Gleichen sich die beiden auch irgendwie? (Unterschiede und Ähnlichkeiten erkennen: genauer werden im Wahrnehmen und Denken, Werkzeug W: Was genau ist eigentlich ein/eine ...?)
  Jetzt weiss Pitschi, dass es kein Hahn ist. Aber vielleicht eine Ziege? (das Kind augenzwinkernd zu einem «Sicher nicht!» provozieren) Warum denn nicht? (G)
- Was denkst du, weshalb versucht Pitschi überhaupt, ein Hahn oder eine Ziege zu sein? (Vermutungen anstellen) Was findet es dabei über sich heraus?
- Was würdest du Pitschi für einen Rat geben, wie es weiter vorgehen soll?
- Weisst du denn, wer du bist? Wie hast du das herausgefunden?
- Wie könnte man überhaupt mehr über sich selber erfahren? (Reflexion)

Um sich allmählich ins philosophische Vorgehen einzuüben, mag aber so eine Vorbereitung selbst für Eltern oder andere Bezugspersonen ab und zu sinnvoll sein, und schon bald wird es zur Routine, mit den (eigenen) Kindern zu philosophieren!

Da wir mit einer so vorbereiteten Geschichte eben das Philosophieren anstreben, sollten unsere Hebammenfragen die philosophischen Werkzeuge enthalten oder bei den Kindern auslösen.

Von der Frage «Wer bin ich?» führen uns Kinderbücher praktisch nahtlos zur ebenso wichtigen zweiten: «Und wer bist du?» «Am Du werden wir zum Ich» war der grosse jüdische Religionsphilosoph Martin Buber (1878 – 1965) überzeugt, und indem wir mit Kindern über die Gemeinsamkeiten aller Menschen, aber auch über deren individuelle Besonderheiten und ihre Unterschiede nachdenken, tragen wir zur Ichfindung und zum Aufbau eines soliden Selbstbildes bei. Gleichzeitig wird damit der Boden für weitere Gespräche über philosophische Themen vorbereitet, wie zum Beispiel Toleranz, Streit oder auch Freundschaft: Was kann alles geschehen, wenn wir verschieden sind? Müssen Fremde gemieden werden? Braucht es zur Freundschaft Gleichgesinnte? Oder machen gerade die Unterschiede erst den Reiz einer Beziehung aus? Das sind Fragen, mit denen sich schon Aristoteles vor etwa 2500 Jahren beschäftigt hat, und sie bieten noch heute interessanten Gesprächsstoff für alle Altersgruppen! Für Kinder ist das Anderssein oft ein Thema, das sie zum Auslachen reizt und manchmal sogar bis zu Mobbing-Situationen führen kann. Indem wir über bessere Alternativen diskutieren, entdecken die Kinder hoffentlich auch die Vorzüge des unterschiedlich Seins.

## Du bist anders, du gehörst nicht dazu!

Der folgende Ausschnitt aus einem «philosophischen» Gespräch mit Vorschulkindern zeigt, wie schon kleine Kinder ihr Verhalten reflektieren und zu eigenen Schlüssen und Verallgemeinerungen kommen können, ohne dass die Erwachsenen den «Moralfinger» dazu erheben müssen. Das Gespräch wurde von einer Studentin im Kindergarten geführt, nachdem sie den Kindern als Einstieg eines

**Wer von euch war schon mal unfair zu jemandem, weil der anders war als alle Übrigen?**

*M: Als S. neu in unsere Klasse kam, waren wir oft böse mit ihr, weil sie einfach anders gesprochen hat als wir. Sie war eben neu. Jetzt sind wir aber lieb mit ihr.*

*J: Am Anfang kannten wir sie ja noch nicht und wussten deshalb auch nicht, ob sie nett ist oder nicht.*

Und da wart ihr einfach mal böse mit ihr, weil ihr nicht wusstet, ob sie nett ist?

*M: (kichert verlegen) Hmm, ja … Aber das war ja eigentlich nicht so nett, denn sie konnte ja nichts dafür.*

*J: Ja, aber jetzt sind wir alle nett, und sie ist ja jetzt auch irgendwie ganz normal.*

Sie wurde normal, weil ihr sie kennen gelernt habt?

*J: Ja, irgendwie schon …*

*A: Irgendwie ist einfach das normal für einen, was man kennt.*

*F: Ja, weil man es kennt, ist es nicht mehr fremd, dann ist es eben normal.*

*M: Das finde ich auch. Das ist auch irgendwie logisch!*

der vielen Bilderbücher zum Thema Anderssein erzählt und ab und zu mit wohl überlegten Hebammenfragen unterbrochen hatte. Dabei folgte sie der Anleitung, die ich meinen Studierenden des Faches «Philosophieren mit Kindern» an der Pädagogischen Hochschule Thurgau PHTG in Kreuzlingen am Bodensee (Schweiz) jeweils nahelege, bevor sie einen ersten Praxisversuch dieser Art mit Kindern unternehmen.

Wie diese Anleitung konkret aussieht, werde ich im Folgenden anhand zweier Beispiele aus dem Kindergarten zeigen. Das meiste könnten auch Eltern oder Grosseltern als Vorbereitung zum Philosophieren nutzen, denn das Thema «Anderssein» interessiert nicht nur die (Vor)schulkinder! Wo immer Bilderbücher (auch zu anderen Themen) von Erwachsenen erzählt oder vorgelesen werden, können wir die Kinder auf diese Weise zum Mitdenken ermuntern.

**Vorbereitung eines Gespräches über das Anderssein anhand des Bilderbuchs von Iskender Gider/Martina Schlossmacher: Das schwarze Huhn**
(Neugebauer Verlag)

**Die Geschichte** handelt von einem Huhn, das auf dem grossen Bauernhof das einzige schwarze unter unzähligen weissen ist. Das ist aber nicht das einzige «Übel». Das Huhn legt nämlich auch ganz spezielle Eier. Diese sind stern- und herzförmig und sehen ganz und gar nicht wie normale Hühnereier aus. Deshalb wird das Huhn von den anderen Hühnern ausgelacht und von der schnippischen Oberhenne regelrecht ausgestossen. Eines Tages erscheint der Osterhase auf seiner Suche nach zu bemalenden Eiern auf dem Hof des schwarzen Huhns und ist über dessen so besonderen Eier hell begeistert! Er bemalt sie mit grosser Sorgfalt und bringt sie zu Ostern dem König. Der ist darüber so entzückt, dass er das schwarze Huhn auf seinen königlichen Hof holt, wo es ihm nun täglich ein aussergewöhnliches Frühstücksei legen darf.

Als Erstes überlegte sich die Studentin Fabienne nun eine Frage, welche dem gesamten philosophischen Gespräch als roter Faden dienen könnte. Diese **«Grundfrage»** soll möglichst weit gefasst sein, damit sie für alle Kinder Spielraum zur Identifikation bietet, und es soll darin um etwas grundsätzlich Wichtiges für unser aller Zusammenleben gehen. Die Kinder werden im Laufe des Geprächs diesem roten Faden entlang von der Geschichte zu ihren eigenen vergleichbaren Erlebnissen hingeführt, und womöglich von dort noch weiter in Richtung Verallgemeinerung und Erkenntnissen, die uns alle betreffen könnten, so wie zum Beispiel im vorherigen Gesprächsausschnitt.

Die Grundfrage lautete hier: Ist eigentlich jeder Mensch etwas Besonderes? Was wäre daran gut? Was vielleicht aber auch schwierig?

Danach überlegte sich die angehende Kindergärtnerin viele **Hebammenfragen**, die sie gemäss den folgenden Überlegungen **zu sinnvollen Blöcken** gruppierte.

**1. Welche Aspekte des gewählten Themas wirft die Geschichte auf?**
Im Gegensatz zur Fachphilosophie geht es beim Philosophieren mit Kindern immer um Fragen, welche sich uns allen ab und zu stellen, hier zum Beispiel, wer und wie wir sind (philosophische Anthropologie/Menschenkunde) und was wir tun oder lassen sollten (Ethik). Die Geschichte berichtet von Überheblichkeit und Intoleranz, wie wenn Anderssein nur ein Störfaktor sein könnte. Einige der Hebammenfragen während des Erzählens sollten diese Aspekte verdeutlichen und infrage stellen. (Werkzeug S für: Stimmt das? Muss das wirklich so sein?)

**2. Welche Erfahrungen mit dem Thema haben Kinder zur Verfügung?**
Da sich Kinder ohne Mühe mit den Tierfiguren in den meisten Bilderbüchern identifizieren, «erleben» sie in den Geschichten Abenteuer oder Probleme, die sie vielleicht selber noch nicht angetroffen haben, die aber in ihrem Erfahrungshorizont liegen: Anderssein, ausgelacht werden, ausgeschlossen werden oder selber andere ausschliessen ... Solche Beipiele lassen wir die Kinder einbringen, damit sie den je eigenen Bezug zum Thema finden. (Werkzeuge B und GB)

**3. Was heisst denn eigentlich «Besonderssein» genau?** (Werkzeug W)
An Beispielen wird der Begriff untersucht und so weit analysiert, bis im Gespräch dann alle verstehen, was jemand mit dem betreffenden Wort meint. Zu einer solchen «Begriffs-Klärung» (wir er-klären dabei nicht, sondern untersuchen gemeinsam den Inhalt und Umfang des Begriffs) gehört auch die Abgrenzung gegenüber verwandten oder ähnlichen Begriffen wie zum Beispiel Anderssein, Seltsamsein, Aussenseiter, oder zu Gegenteiligem wie etwa Gleichsein oder Normalsein. Das Werkzeug W – Was meinst du mit ...? – wird hier ausführlich und nur beschreibend angewendet. Bewertungen – was wir daran gut oder schlecht finden – sparen wir jedoch auf für den nächsten Schritt.

**4. Was könnte gut oder auch nicht so gut daran sein, wenn jemand «besonders» ist?** Nun geht es ans bewusste Beurteilen und Einschätzen, was zuerst meist zu subjektiven Aussagen führt. Durch differenziertes Begründen mit konkreten Beispielen und Gegenbeispielen (Werkzeuge G, B und GB) werden voreilige Äusserungen relativiert oder präzisiert. Vom «Vor-Urteil» zu begründbaren «Be-Urteilungen». Vielleicht gelingt es ab und zu, sich auch in Wertfragen auf objektivere Aussagen oder sogar gemeinsame Antworten zu einigen.

Mit den Hebammenfragen, die wir den Kindern stellen, ermutigen wir sie zu eigenem, selbstständigem Denken und helfen ihnen, ihre Ideen und Vorstellungen zu einem bestimmten Thema zu äussern. Oft werden wir ihnen zur Formulierung passende Wörter oder Begriffe anbieten müssen, da der Wortschatz der Vorschulkinder noch nicht so gross ist. Manchmal lassen wir die Kinder ihre Erkenntnisse auch malen, denn danach lassen sich ihre «Weisheiten» vielleicht leichter erklären oder umschreiben.

Obwohl ein philosophisches Gespräch nicht von A bis Z im Voraus geplant werden kann, lohnt es sich nun zu überlegen, welche Stationen im Laufe der Untersuchung vermutlich zur Sprache kommen könnten. Diese bilden sozusagen die einzelnen Kapitel des geplanten Gesprächs, ohne dass wir uns sklavisch daran halten werden wie bei einem Interview-Fragenkatalog. Wir sollten uns aber selber mit dem Thema und der Grundfrage so lange auseinandergesetzt haben, dass wir mehrere mögliche Aspekte und Zugangswege sehen.

**Und so haben zwei Studentinnen diese vier Bereiche zum Bilderbuch «Das schwarze Huhn» mit Hebammenfragen vorbereitet.**

**1. Fragen zum Buch *(einstimmen ins Thema und während der Geschichte eigene Gedanken dazu anregen):***

- Wie hat sich wohl das Huhn gefühlt, als es gemerkt hat, dass es das einzige schwarze ist? *(mehrere, auch entgegengesetzte Antworten einfordern!)*
- Was denkt ihr, wie es für das Huhn war, als es von allen ausgelacht wurde, weil es schwarz war und anders geformte Eier legte? *(auch hier nicht bei der ersten Antwort stehen bleiben!)*
- Wie hättet ihr euch an seiner Stelle gefühlt? Wie auch noch?
- Was hättet ihr vielleicht gesagt oder getan?
- Wie denkt ihr über die anderen Hühner, die der Oberhenne gehorchten und das schwarze Huhn auch ausschlossen? Warum denkt ihr so?
- Was hätten sie anders machen können? *(Fantasie anregen, Alternativen suchen)*
- Was meint ihr, wie es für die anderen Hühner wohl war, als sie merkten, dass das Huhn zum König durfte? Ob wirklich alle gleich dachten und fühlten?

**2. Fragen zu ähnlichen Erlebnissen der Kinder *(persönliche Bezüge zum Thema schaffen, noch ohne grosse Reflexion):***

- Wer von euch hat auch schon erlebt, dass jemand ausgelacht wurde, weil er oder sie anders war als die meisten? Erzählt!
- Wie habt ihr euch da gefühlt? Was habt ihr getan?
- Habt ihr vielleicht selber schon einmal jemanden gemein behandelt, weil er oder sie nicht gleich war wie ihr?

**3. Zur Klärung des zentralen Begriffs *(Was verstehen wir unter Anderssein?):***

- Wann ist eurer Meinung nach denn überhaupt jemand «anders» oder «besonders»?
- Was war beim schwarzen Huhn anders als bei den andern Hühnern? Was auch noch? *(nicht nur das Aussehen, sondern auch seinen Charakter, sein Tun, seine Vorlieben, seine Fähigkeiten usw. beachten!)*
- Was ist das Besondere an dir ... und dir ... und dir? Woran kann man euch erkennen?
- Was macht ihr ganz anders als die meisten Kinder? Was könnt ihr besonders gut?
- Was ist überhaupt das Gegenteil von »anders sein«? Etwa «normal» sein? Oder gleich sein? Was müsste denn gleich oder zumindest ähnlich sein?
- Was heisst für euch genau, ein Kind sei «normal»?
- Was findet ihr denn zum Beispiel an euch Gleiches wie bei eurem Sitznachbarn?
- Und wie unterscheidet ihr euch? Wie noch?
- Was habt ihr für Besonderheiten? Vielleicht könnt ihr etwas ganz besonders gut oder ihr spielt ein seltenes Instrument, oder ...

**4. Wertungen *(mit guten Gründen gestützte Meinungsbildung):***

- Was war eigentlich der Grund dafür, dass die anderen Hühner das schwarze Huhn ausgestossen haben?
  Wem fällt noch ein weiterer Grund ein?
- Stört es euch manchmal auch, wenn jemand anders ist? Warum (nicht)?
- Ist es manchmal vielleicht sogar schön, anders zu sein? Wer hat so etwas schon mal erlebt? Erzählt! Was war denn so schön daran?
- Wann ist es besser, anders zu sein?
  Und wie anders?
- Was ist angenehm am Normalsein?
  Warum? Was vielleicht auch noch?
- Was meint ihr, wieso sind wohl nicht alle Menschen genau gleich?
- Könnte es vielleicht ganz gut sein, dass nicht alle Menschen gleich sind? Warum?
- Was würde passieren, wenn alle gleich wären? Wie fändet ihr das?

**Die Durchführung anhand der Hebammenfragen mit Gesprächs-Ausschnitten**
aus einem Schweizer Kindergarten (aus der Mundart übersetzt):

**Wie fühlte sich wohl das schwarze Huhn, als es von allen ausgelacht wurde?**
***(Empathie üben durch Identifikation mit Figuren der Geschichte)***

*F: Ich glaube, es war «mega» traurig, weil es ja keine Freunde hatte, die mit ihm gespielt haben.*
*M: Ja, und es konnte danach auch nicht einfach zu Mami gehen.*
*L: Und es konnte gar nichts dafür, dass es anders war als die anderen.*

Wie hättet ihr euch denn gefühlt, wenn ihr das Huhn gewesen wärt?
*A: Ich hätte vielleicht geweint.*
*R: Ich weiss nicht, aber ich wäre schon fest traurig gewesen.*
*F: Ich wäre vielleicht einfach vom Hof weggelaufen.*
*J: Aber dann wärst du ja ganz allein gewesen, das ist doch auch nicht gerade schön!*
*F: Ja, schon, aber so war das Huhn ja auch ganz allein. Also schon nicht allein, aber es hatte keine Freunde.*
*J: Aber vielleicht wäre es auch sehr gefährlich gewesen, einfach wegzulaufen.*

Hätte das Huhn sich denn auch wehren können?
*M: Hmm, ich hätte mich vielleicht auch nicht getraut ...*

Wieso denn nicht? Was ist denn so schwierig daran, sich zu wehren?
*M: Ja, weil die anderen so viele sind und das schwarze Huhn ganz allein, und wenn die anderen dann noch wütend geworden wären, dann hätten sie dem Huhn auch noch wehtun können.*
*A: Ja, weil sie so viele sind und das schwarze nur eines. Dann braucht es schon sehr viel Mut.*

**Gibt es denn in eurer Klasse auch ein Kind, das ein wenig anders ist als die meisten?**
***(Eigene Erfahrungen mit dem Thema überlegen)***

*L: Ja, die A. ist immer allein und dann kommt sie zu uns und will mit uns sein, aber wir wollen sie nicht, weil sie so seltsam ist.*

Was meinst du mit «seltsam»? Wie ist sie denn?
*L: Ja, einfach seltsam eben ... (Pause) ... also sie ist immer so ruhig und sagt nichts – und sie trägt immer so schreckliche Kleider und – wäähh, die stinkt immer so (kichert).*

Also meinst du mit «seltsam», dass sie ruhig ist, nicht so schöne Kleider trägt und jeweils schlecht riecht?
*L: M-hm. (nickt)*

Aber R., du bist ja auch eher ruhig. Bist du denn auch seltsam?
*R: Nein, sicher nicht! (schmunzelt)*
*L: Nein, der R. ist nicht seltsam, nur manche Kinder sind seltsam.*
*R: Also, bei uns in der Klasse gibt es einen, der ist voll der Aussenseiter, und der ist auch seltsam. Also, ich glaube, dass immer die Aussenseiter seltsam sind.*

Muss man denn seltsam sein, damit man ein Aussenseiter wird, oder werden die Aussenseiter mit der Zeit seltsam?

*L: Ja, also die A. war am Anfang noch keine Aussenseiterin. Doch dann wurde sie immer mehr ausgeschlossen, weil sie eben irgendwie so seltsam gewesen ist.*

*R: Ja, und der N. wurde erst in der zweiten Klasse ausgeschlossen, da hatte er plötzlich keine Kollegen mehr, weil er sich immer so seltsam benahm.*

*L: Ja, das ist immer so, wenn ein Kind so voll seltsam tut, dann wird es mit der Zeit eben ausgeschlossen.*

Ihr sagt also, dass die seltsamen Kinder meistens ausgeschlossen werden?

*L/R: (nicken)*

**Was heisst denn für euch seltsam oder anders sein überhaupt?**
***(vertiefte Arbeit am Begriff)***

*L: Wenn man nicht normal ist, also nicht so wie die anderen Kinder, sondern eben ein wenig seltsam.*

*F: Normal sein heisst einfach, so wie alle sein. Wir sind ja alle normal.*
*Und wenn man so ist wie alle, dann ist man eben normal, weil man dann gleich ist wie die anderen.*

*M: Nein, das finde ich irgendwie nicht, weil wir ja alle nicht gleich sind.*
*Aber es bedeutet, dass man zum Beispiel nicht behindert ist.*
*Oder für uns ist es ja auch normal, dass man helle Haut hat, und wenn dann jemand dunkle Haut hat, ist der ja doch irgendwie nicht normal ...*

*J: Doch, J. hat ja auch dunkle Haut, und der ist trotzdem normal!*

*M: Ja, er ist schon normal, aber dass er dunkle Haut hat, ist dennoch nicht normal. Also, es ist schon normal, aber eher in Afrika und nicht bei uns!*

Dann ist also nicht überall dasselbe normal?

*F: Nein, zum Beispiel bei den Chinesen oder so ist es normal, dass man beim Essen immer schmatzt. Und das ist ja bei uns schon nicht normal.*

**Und was macht ihr, wenn ihr jemanden seht, der so isst?**
***(Übergang zu Wertungen und begründeter Meinungsbildung)***

*A: Ich war mal in einem Restaurant, und dort hat jemand so geschmatzt.*
*Da haben S. und ich immer so voll blöd rübergeschaut und wir haben gelacht. (kichert)*

Aber habt ihr denn da nicht etwas Ähnliches gemacht wie die weissen Hühner mit dem schwarzen?

*A: Ähm ... (lacht verlegen ... überlegt). Doch, irgendwie schon. Aber es war doch etwas komisch, wenn die so essen!*

*L: Weisst du, eigentlich ist es ja gemein, wenn jemand ausgelacht wird, weil er so isst oder weil er zum Beispiel keine schönen Kleider hat, denn vielleicht hat seine Mutter eben kein Geld für teure Kleider ... (lange Pause, L. überlegt weiter) ... Gut, manchmal kann man schon etwas dafür, weil zum Beispiel eben ... also wenn man gemein ist zu den anderen, dann kann man ja etwas dafür, so wie bei der Oberhenne.*

Stört es euch denn manchmal auch, wenn jemand anders ist als ihr?

*F: Ja, weil dann will er nicht das, was ich will. Wenn er ja eben anders ist.*

J: *Aber jeder darf doch anders sein! Du bist ja auch nicht gleich wie ich! Und alle sind ja irgendwie anders! Mich stört das nicht. Eigentlich ist es ja gut, weil P. jeweils lieber die gelben Bonbons isst, und ich esse lieber die roten. Dann geht die Sache genau auf, sonst würden wir ja immer streiten, wenn wir immer das Gleiche lieber hätten.*
A: *Doch, mich stört es irgendwie schon, dass zum Beispiel A. nicht so gut Deutsch kann, weil manchmal sage ich ihm etwas, und dann versteht er mich gar nicht, und dann macht er nicht, was ich ihm sage.*

Also ist es manchmal gut, dass alle anders sind, und manchmal ist es auch etwas schwierig?
F: *Ja, irgendwie schon. Weil, wenn man jemanden einfach nicht versteht, ist das schon schwierig.*

Ist es manchmal vielleicht auch ganz schön, ein wenig anders zu sein? Wer hat so etwas schon mal erlebt, dass er ein wenig anders war und dies dann genossen hat?
M: *Einmal hatte ich das Bein gebrochen, und dann bekam ich einen Gips. Das war irgendwie auch lustig, weil alle mich fragten, was passiert sei. Und alle brachten mir Sachen mit, und Mami hat mich immer herumgefahren ... es war schon irgendwie cool.*
F: *Wir waren mal irgendwo in den Ferien, wo alle so seltsam gekleidet waren. Da war ich wohl für die auch komisch, denn ich war ja schon anders als sie. Aber für mich bin ich doch irgendwie normal gewesen. Und sie waren auch normal für sich. Irgendwie waren wir beide normal ...??*

Aha, ihr seid also beide normal gewesen, jeder für sich. Aber für die anderen seid ihr dennoch «anders» gewesen. Kann man denn gleichzeitig anders und normal sein?
M: *Ja, weil man ja immer für sich normal ist. Zum Beispiel für J. ist es normal, dass er dunkle Haut hat, weil auch seine Eltern dunkle Haut haben. Dann ist es für ihn normal. Und für uns ist es normal, hellere Haut zu haben und dann ... ist es ... wir sind dann alle normal und trotzdem anders.*

Gegen **Ende eines solchen Gesprächs** fassen wir gewonnene Erkenntnisse zusammen, indem wir auf die Grundfrage zurückkommen: Was haben wir herausgefunden über die Vor- und Nachteile des Besonderseins?

Möglicherweise genügt dies bereits, um das Verhalten der Kinder gegenüber «schwarzen Hühnern» positiv zu verändern, ohne dass wir «die Moral von der Geschichte» noch extra betonen. Zwar werden wir die Kinder vielleicht ab und zu an das Gespräch erinnern müssen, wenn wieder einmal eine Aussenseiter-Situation aktuell wird, oft ist auch dies aber nicht nötig, weil in einer Gruppe meistens ein paar Kinder unaufgefordert diese Aufgabe übernehmen.

Um dem **Gesprächsergebnis** noch weiteres Gewicht zu verleihen, lassen wir vielleicht als Abschluss die Geschichte in kleinen Gruppen **vorspielen**, wobei sich jede Gruppe von «Hühnern» einen anderen Verlauf ausdenken und diesen vorspielen darf. Oder, wie es eine der Studierenden angeregt hat: Jedes Kind bekommt eine Karton-Schablone eines Huhns und klebt mit allerlei Material ein ganz besonderes «Federkleid» darauf. Bei einer gut miteinander vertrauten Kindergruppe könnten wir auch die «warme Dusche» spielen, wobei jedes Kind, das dies möchte, sich in die Kreismitte («unter die Dusche«) stellt, eins nach dem andern, und die übrigen Kinder sagen ihm reihum, was ihnen an dem Kind besonders gut gefällt. Dieses Spiel braucht aber eine sorgfältige Einführung, damit nicht nur Äusserlichkeiten, sondern auch bewundernswerte Charakterzüge oder Fähigkeiten genannt werden. Die Kinder müssten auch schon fähig sein, verletzende Aussagen zu vermeiden, denn es soll ja wirklich eine wärmende Dusche sein.

Die Schulklassen in Hawaii würden hier sicherlich eine **Daumensprache-Evaluation** durchführen, um über die Qualität der Kommunikation und die Tiefe des Gespräches zu reflektieren. Beide Arten, eine Lektion abzuschliessen, finde ich sinnvoll. Wenn die Kinder aber recht lange im Kreis Geduld üben mussten, würde ich einer Aktivität wie Malen oder Hüpfen den Vorzug geben.

### Noch ein Beispiel zum Thema Identität/Anderssein: Nicki Hängeohr wird ausgelacht

Viele Kinderbücher befassen sich mit dem Thema Anderssein, was zeigt, dass es sich wohl um ein vertrautes Problem handelt, das in so mancher Gruppe – und dies nicht nur bei Kindern! – ab und zu aufflackert und für Konfliktstoff sorgt. Gute Kinderbuchautoren und -autorinnen haben ein Gespür für Dinge, welche die Kinder beschäftigen. Meistens aber bieten solche Geschichten auch Lösungen an. Welch ein Glück für das schwarze Huhn, dass der Osterhase seine Eier dem König brachte und das Huhn so aus seiner misslichen Lage im Hof der Oberhenne befreite! Aber ... und mit diesem «Aber» beschäftigen sich philosophierende Menschen eben auch: Was, wenn kein König etwas von uns wissen will? Wie finden wir eigene Lösungen oder Alternativen?

Ein zweites Bilderbuch zum Thema Aussenseiter heisst einfach nur **«Nicki». Guido van Genechten** hat es geschrieben und – wie ich finde – genial illustriert und beim Annette Betz Verlag herausgegeben. In dieser Geschichte wird der Protagonist selber aktiv, um aus seiner Rolle als Aussenseiter zu finden, und die Kinder können ihm dabei mit guten Ideen helfen.

**Die Geschichte:** Nicki ist ein Hase, der scheinbar nicht gleich ist wie seine Freunde. Statt zwei aufrechten Ohren hat er ein Hängeohr und wird dafür ausgelacht. Deswegen ist er unglücklich, und er versucht alles, um sein zweites Ohr auch aufzurichten. Doch darüber lachen seine Freunde nur noch lauter. Schliesslich geht er zu einem Arzt, welcher seine Ohren untersucht und ihm bestätigt, dass sie beide ganz in Ordnung sind. Er erklärt Nicki aber auch, dass eben alle Ohren unterschiedlich seien. Nicki denkt darüber nach und erkennt, dass er wegen seiner Besonderheit gar nicht unglücklich sein muss. So kann er wieder spielen und seine Freunde sogar absichtlich zum Lachen bringen. Doch diesmal gibt es auch für ihn selber viel mitzulachen!

**Hier nochmals ein paar Ausschnitte aus der Planung und Durchführung eines philosophischen Gesprächs im Kindergarten, diesmal mit «Nicki»:**

**Die Grundfrage(n):**
Warum sind eigentlich nicht alle Menschen gleich?
Wie fühlt man sich, wenn man anders ist als die meisten?
Wie könnte man mit dem Anderssein umgehen?

**Fragen zur und während der Geschichte:**
- Warum ist Nicki plötzlich so unglücklich? Was macht ihn denn traurig?
- Habt ihr euch auch schon einmal so gefühlt? Was war das für eine Situation?
- Was ist denn bei Nicki so anders als bei seinen Freunden?
- Wie könnten wir Nicki helfen? Wie auch noch?
- Und was könnte er selber tun? Wer hat noch eine zusätzliche Idee?
- Was hat der Arzt eigentlich mit Nicki gemacht? Hat er ihn «geheilt»?
- Warum ist Nicki jetzt wohl plötzlich wieder fröhlich?
- Gibt es bei uns Menschen vielleicht auch so etwas wie Nickis Hängeohr, das macht, dass uns andere auslachen? *(Überleitung zu eigenen Erfahrungen der Kinder. Mit dieser Frage nach dem Erzählen ins eigentliche Philosophieren einsteigen.)*

**Hebammenfragen zur Grundfrage:**
- Ist Anderssein wirklich ein Grund, traurig zu sein? Ist das immer so? Wann/Warum vielleicht (nicht)? *(hinterfragen und verschiedene Gründe angeben)*
- Woran merkt man überhaupt, dass jemand anders ist?
- Sieht man das? Wie denn zum Beispiel? *(Unterschiede sehen, konkret denken)*
- Worin unterscheiden sich die Kaninchen-Freunde von Nicki?
- Seid ihr denn alle gleich in eurer Klasse? Wie unterscheidet ihr euch, wie eher nicht? Was könnte auch noch anders sein? *(differenzieren üben)*
- Wie kann man sich sonst noch unterscheiden, ausser beim Sichtbaren?
- Und was ist bei uns allen *ähnlich* oder fast gleich?
- Müssen wir überhaupt versuchen, so wie alle zu sein? Warum (nicht)? *(hinterfragen und begründen)*
- Gibt es etwas an deiner Freundin/deinem Freund, was anders ist als bei allen anderen Kindern deiner Klasse? Wie findest du das? Warum? *(Meinungen begründen)*
- Wann ist es schön, wenn man anders ist? Wann ist es schwierig? Weshalb wohl?
- Was wäre wohl, wenn alle Menschen auf der Welt gleich wären? *(spekulieren)*

So hatte es die Studentin geplant. Doch schon bei der **Einstiegsübung** (die Kinder sollten möglichst viele Unterschiede zwischen verschiedensten Karotten herausfinden) sprudelten die Kinder wild drauflos, und auch bei den folgenden Fragen während der Geschichte wollten sie so viele Ideen einbringen, dass für die Hebammenfragen und das eigentliche Philosophieren am Schluss kaum mehr Zeit blieb. Eine Erfahrung, die Anfängerinnen oft machen. Das ist aber nicht weiter schlimm, denn auch wenn nicht immer gleich schon philosophisch interessante Tiefen entdeckt werden, so üben die Kinder doch bereits wichtige Elemente für spätere tiefgründige Gespräche: Unterschiede zu entdecken und zu formulieren, wo auf den ersten Blick alle Karotten, alle Hasen, jedes Lachen ... doch vermeintlich gleich erscheinen, ist eine ganz wichtige Voraussetzung für differenzierendes, genaues Denken. Meinungen mit guten Gründen zu stützen und Ideen anderer aufzugreifen, um die eigenen damit zu befruchten, das sind Denkschritte, die jeder gute Philosoph/jede gute Philosophin beherrschen sollte. Die Kinder übten in diesem Gespräch zu Nicki lustvoll und spielerisch das philosophische Abc oder Einmaleins.

## So schilderte die Kindergärtnerin ihre Erfahrung mit den Kindern

«Ich setzte mich mit vier Knaben in eine gemütliche Ecke des Kindergartens und stellte ihnen Nicki vor. Dann zeigte ich das Bild mit den vielen Karotten (auf dem Innendeckel), um ein Unterschiedsspiel anzustossen:»

Was für Rüebli (= Karotten, auf Schweizerdeutsch) kennt ihr denn sonst noch?
J: *Kaputte Rüebli …*
C: *Rüebli, die man an die Zähne stecken kann*
N: *So dicke und kurze …*
S: *Gebogene …*
C: *… wie Chili.*
N: *Die ganz geraden.*
J: *Es gibt auch gelbe Rüebli!*
S: *… und solche aus Marzipan!*

Und was für verschiedene Hasen könnte es geben?
C: *Junge.*
N *Ältere Hasen.*
S: *Schwarze.*
J: *Es gibt braune Hasen.*
N: *Es gibt graue Hasen.*
C: *Es gibt noch die weissen, und schwarz-graue mit Braun.*

Was ist denn bei Nicki besonders?
S: *Das eine Ohr hängt herunter.*

Wieso könnte es wohl so hängen?
C: *Er könnte es absichtlich herunterhängenlassen, um mit dem Ohr zu wackeln.*
N: *Er könnte es auch gebrochen haben.*

(Etwas später) Hier steckt Nicki eine Karotte in sein Hängeohr, damit es aufrecht steht.
*(Alle lachen bei diesem Bild.)*

Vorhin sagtet ihr, dass Auslachen blöd sei, und jetzt lacht ihr ja selber!
N: *Aber wir lachen ihn nicht aus, es sieht einfach lustig aus!*
*Die Hasen aber haben Nicki ausgelacht!*

Genau! Wie klingt das wohl? Könnt ihr das mal nachmachen?
*(hämisches Grinsen)*
Und wie klingt das, wenn ihr anders lacht?
*(Alle zeigen es vor.)*

Wer kennt noch ein weiteres Lachen?
*N: Wenn man glücklich ist. Dann lächelt man so. (Er strahlt die Kindergärtnerin an.)*
*C: Frau R., wenn ich lache, dann müssen die anderen auch immer lachen, weil sie mein Lachen so lustig finden!*
*S: Ja, bei mir auch!*

Was könnte er sonst noch machen, damit das Ohr aufrecht steht?
*C: Den Verband anmalen, damit das Ohr gleich aussieht wie das andere.*
*S: Zukleben, damit das andere auch herunterhängt.*
*N: Einen Elefanten hinter ihm herlaufen lassen, damit der das Ohr immer hoch halten kann.*

Schliesslich geht Nicki zum Arzt. Dieser tastet seine Ohren ab und brummelt dabei: «Mm-hm! Mm-hm! Mm-hm!» (Die Studentin spielte dies an den Kinderohren vor.)
«Weisst du, Nicki, es sind sowieso alle Ohren anders!» (sagte die gespielte Ärztin.)
Aber stimmt das wirklich?
*N: Ja.*
*S: Nein! Meine Ohren sind gleich!*

So so! Und hast du zwei rechte oder zwei linke Ohren?
*Alle: (verdutzt) Äh, ... hä?*

Schaut mal die Ohren eures Sitznachbarn an! Was findet ihr für Unterschiede?
*J: Der N. hat kleinere Ohren als ich!*
*N: Wir Menschen sind ja auch alle anders.*
*C: Nein! Die Zwillinge nicht, die haben sicher auch gleiche Ohren!*
*S: Nicht tupfengleich! Sie sehen sich nur ähnlich.*

Darauf folgten noch so viele weitere Unterschiede zwischen den verschiedenen Menschen, dass gar keine Zeit mehr blieb für die ausführliche Meinungsbildung über den Wert des Andersseins. Mehrfach geübt aber wurde hier das Unterscheiden (von Karotten, Häschen, Lachen, Menschenohren), und dies ist ein ganz wichtiges Spiel nicht nur zur Sprachförderung, sondern auch als Vorbereitung für das Erörtern von komplexeren Fragen in «richtigen» philosophischen Gesprächen mit Kindern.

**«Philosophieren» mit Vorschulkindern anhand von Bilderbüchern läuft oft so ab,** wie im zweiten Beispiel geschildert wurde. Man mag infrage stellen, ob der Ausdruck «Philosophieren» dafür wirklich gerechtfertigt ist. Nach Ansicht der meisten Kinderphilosoph/-innen in den deutschsprachigen Ländern gehören zum «richtigen» Philosophieren zwei Seiten: Einerseits sollen die Denkwerkzeuge des Hinterfragens, Begründens und der Begriffsklärung usw. angewendet werden. Auf der andern Seite stehen die Inhalte oder Themen des (gemeinsamen) Nachdenkens, das «Worüber?». Typisch philosophisch werden hierbei jene Fragen genannt, die nach etwas Grundsätzlichem, Prinzipiellem, Allgemeinem suchen. Dazu ist ein gewisses Mass an abstraktem Denken erforderlich, das nicht alle Entwicklingspsychologen den Vorschulkindern schon zusprechen würden. Solange sich aber ein Gespräch hauptsächlich um die Bilderbuchfiguren oder auch um die einzelnen Beispiele von Kindererfahrungen bewegt, kommen zwar manche Denkwerkzeuge zum Zug – oder werden sogar intensiv geübt, wie im obigen Nicki-Beispiel –, aber inhaltlich darf gezögert werden, diesem Gespräch das Prädikat «philosophisch» zuzuteilen. Doch macht das die Sache weniger wertvoll?

Mir persönlich sind auf dieser Alterstufe andere Schwerpunkte wichtiger: Anstatt eine Geschichte passiv anzuhören, sehen sich die Kinder die Bilder genauer an und lernen sie zu deuten (ein weiterer Bestandteil des Philosophierens!). Aktiviert durch die Hebammenfragen denken sie freudig mit und reichern die Geschichten mit den eigenen Erfahrungen und Gedanken an. Sie fangen an, **Wege zu finden, ihre Ideen in Sprache, in Zeichnungen oder im Vor- und Nachspielen einzelner Szenen auszudrücken**. Die Erwachsenen bieten die dafür nötige Hilfe an, ohne aber die Erkenntnisse der Kinder in eine bestimmte Richtung lenken zu wollen. Das Ziel ist nicht, den Kindern «die Moral von der Geschichte» oder die vorgeschlagene Lösung eines Problems nahezulegen oder gar beizubringen, sondern sie eine solche allenfalls selbst entdecken zu lassen. So lernen sie über sich selbst und ihr Verhalten zu reflektieren und im Austausch mit andern Kindern deren vielleicht abweichenden Meinungen respektvoll zu begegnen. Und nicht zuletzt ist es auch für die Erwachsenen eine wunderbare Möglichkeit, Kindern auf einer sehr persönlichen Ebene auf Augenhöhe zu begegnen, Spass zu haben, und mit ihnen gemeinsam neue Denkwege zu beschreiten.

## Weitere zum Philosophieren geeignete Themen in Bilderbüchern

### Immanuel Kant (1724 – 1804)

Der grosse deutsche Aufklärungsphilosoph unterschied die **«Philosophie nach dem Schulbegriff»** für Fachleute von der **«Philosophie nach dem Weltbegriff»**, die uns alle – oder eben «alle Welt» – angeht und im alltäglichen Leben beschäftigt. Deren Hauptfrage lautet:

**Was ist der Mensch?**
Kant nannte drei Bereiche, mit denen wir alle zu tun haben: Wir **können denken**, wir **müssen handeln** und wir **dürfen** darauf **hoffen**, dass es mehr gibt als die sichtbare Welt.

Wir Menschen sind Wesen, die lernen, wissen und verstehen wollen. Doch wie erlangen wir sichere Erkenntnisse? Unsere Sinne und unser Verstand helfen uns dabei.
Manche Dinge sind nicht beweisbar, und doch möchten Menschen mehr darüber erfahren: Gibt es Gott wirklich? Was ist nach dem Tod? Haben wir einen freien Willen? Hier führt uns das Denken an seine Grenzen, und doch gibt es dank unserer Vernunft und der Logik Möglichkeiten, Glaubhafteres von purer Fantasie zu unterscheiden.
Drittens schliesslich müssen wir als Menschen immer wieder Entscheidungen treffen, die unseren Lebensweg bestimmen. Auch hier hilft uns die «praktische» Vernunft oder das moralische Gefühl, wie Kant es auch nannte.

Mit dem Auslachen bei Nicki oder dem Ausschliessen des schwarzen Huhns wurden nicht nur Fragen zu «Wer *bin* ich? – Und wer *bist* du?» thematisiert, sondern es ging auch schon um Wertvorstellungen und Gebote: Wie *sollen* wir leben und handeln?

In der Fachwelt nennt man die Suche nach dem Wesen des Menschen **«philosophische Anthropologie»**, Menschenkunde: «Erkenne dich selbst!», stand einst auf dem Tor des berühmten Orakeltempels in Delphi, zu dem die alten Griechen pilgerten, um mehr über sich selbst zu erfahren.

**«Was *ist* der Mensch?»** So formulierte über 2000 Jahre später Immanuel Kant die Hauptfrage allen Philosophierens, das auch im Alltag stattfinden kann, und – erstaunlicherweise! – traute er dies schon Kindern zu! Denken wir also mit unseren Kindern darüber nach, wer wir Menschen eigentlich sind, was uns zu dem besonderen Individuum macht, das jede und jeder ist, aber auch darüber, was uns Menschen über alle Unterschiede hinweg vereint.

**Peter Spiers «Menschen»** ist erstmals 1980 in New York – auf Englisch – erschienen, und heute gibt es davon bei Thienemann fast jährlich weitere deutsche Neuauflagen. Der Text wurde 2004 aktualisiert und beginnt mit dem Satz: *«Zurzeit leben fast 7.000.000.000 Menschen auf der Welt ...»*

Ein Bilderbuch, das die menschliche Vielfalt mit Hunderten von winzigen – und witzigen – detailreichen Szenen aller möglichen Lebenszusammenhänge ausgezeichnet darstellt. Was erachten Menschen in anderen Ländern als schön, als gut oder als wichtig? Kinder jeden Alters können sich stundenlang in die Bilder vertiefen und darüber staunen, wie andere Völker leben, wohnen, essen, spielen, arbeiten, denken, schreiben, glauben ...

Mit diesem Buch lassen sich all die Unterschiede, aber vor allem auch das finden, was uns rund um den Erdball als Menschen verbindet, zum Beispiel die Tatsache, dass wir alle mit (Professor) Kopf, (Rosi) Herz und (Dick) Bauch im Leben stehen, und der wackere Dick Bauch (unser Körper) manchmal seine liebe Mühe damit hat, den professoralen Verstand und das Rosi-Gefühl im Gleichgewicht zu halten. So erzählt es **Helme Heine** in seinem tiefsinnigen Bilderbuch:

**«Der Club»** (Middelhauve 2001) beschreibt mit warmem Humor die drei Bereiche unseres Menschseins und die Probleme, die jeder von ihnen uns manchmal bereitet. Dennoch: Wir sind alle froh, dass die drei insgesamt doch so wunderbar zusammenarbeiten und für uns wirken.

Beide Bücher eignen sich für fast jedes Alter, sogar für Erwachsene, welche das Kind in sich haben bewahren können und sich selber gern einmal in die Karten schauen. Das ist «philosophische Anthropologie» im besten Sinne.

Wenn wir dann weiter darüber philosophieren, wie wir miteinander umgehen sollten, wie wir andern Menschen und überhaupt allem, unserer Um- und Mitwelt, begegnen sollten, dann bewegen wir uns gedanklich in Richtung der **Ethik**. Kant ordnete dieser die Frage zu: **«Was *sollen* wir tun?»,** denn die Ethik ist jener Teilbereich der Philosophie, welcher sich mit dem Sollen beschäftigt. Sie untersucht und hinterfragt unser Handeln und die ihm zugrunde liegenden Wertvorstellungen. Man denkt über Moral und Normen nach, über Gut und Böse und den (vielleicht?) freien Willen, über Regeln und Gebote, die uns die Vernunft nahelegt, über Werte und Absichten, die unsere Entscheidungen beeinflussen.

### Themen aus der Ethik

Über Regeln und Werte zu philosophieren, kann in der beschriebenen Weise mithilfe von Kinderbüchern ganz ohne Moralfinger – dafür umso effizienter – geschehen. Folgende Themen, die man dem Bereich der Ethik zuordnen kann, sind häufig in Geschichten anzutreffen:

- Was ist gut, was böse? Was darf man, was nicht?
- Das Wünschen, das Habenwollen und das Teilen
- Das Streiten/Schlagen/Schimpfen, aber auch das Versöhnen und Vergeben
- Das Lügen/Schwindeln/Fantasieren in vielen Varianten
- Die Gerechtigkeit und Ungerechtigkeit, die Menschen- und die Kinderrechte ...
- Selbst das Stehlen und Betrügereien kommen in Bilderbüchern vor.
- Gefühle wie Wut/Ärger/Eifersucht/Neid/Rache ...
- ... oder die nicht sehr angenehmen wie Ängste/Heimweh/Trauer ...
- ... aber auch willkommenere Gefühle wie Glück/Mut/Stolz/Freundschaft und Liebe.

Im Alltag Ethik zu betreiben, bedeutet zum Beispiel, dass wir mit Kindern über Vorschriften oder Abmachungen philosophieren, anstatt sie einfach nur vorzugeben. Natürlich braucht jede Familie, jede Schulklasse oder grössere Gemeinschaft Regeln des Zusammenlebens. Wir können nicht täglich darüber diskutieren, ob der Strassenverkehr rechts oder links fahren soll oder ob alle Kinder in die Schule gehen müssen. Regeln aber, die immer wieder missachtet werden oder Konflikte verursachen, sollten von Zeit zu Zeit genauer untersucht werden, nicht einfach, um sie zu bekämpfen oder gleich abzuschaffen, sondern um deren Sinn zu verstehen oder sie nötigenfalls zu ändern. So dürfen Regeln wie «Auslachen tut man nicht!» oder «Man soll niemanden ausschliessen!», so berechtigt sie uns vorkommen mögen, auch einmal hinterfragt werden, wie es die beiden Studentinnen mit Nicki und dem schwarzen Huhn zu tun versuchten. Meistens erzeugen solche Gespräche eine viel bessere Wirkung, weil die Kinder die Regeln danach aus Einsicht bejahen und nicht einfach von moralisierenden Erwachsenen übergestülpt bekommen. Allerdings darf man keine Wunder erwarten. Wir werden die Kinder wohl immer mal wieder an unsere Gespräche erinnern müssen.

Weitere Beispiele, wie selbst grössere Kinder anhand von Geschichten über solche Themen philosophieren, werden im folgenden Teil II dargestellt.

Immanuel Kant hat noch zwei weitere Bereiche des Menschseins als Fragen zum Philosophieren (sinngemäss) so formuliert:

**Was können wir überhaupt wissen, und was dürfen wir vernünftigerweise hoffen, obwohl es keine Beweise dafür zu geben scheint?** Damit spricht er die Grenze an zwischen unseren Möglichkeiten, etwas zu erkennen und zu verstehen oder aber auf etwas – zum Beispiel auf Gott oder die Unsterblichkeit der Seele – in einem Akt des persönlichen Glaubens zu vertrauen: die Grenze zwischen Wissen und Glauben. Auch dazu gibt es wertvolle Bilderbücher, mit denen man Kinder und sogar Jugendliche zum Staunen und Philosophieren anregen kann. Mehr darüber dann im Teil III, wo religiöse Fragen und der philosophische Umgang mit diesen thematisiert werden.

## Bilderbücher zum Ich und Du und Anderssein

**Jon Blake: He Duda**
Beltz & Gelberg
Kann man beides zugleich sein, ein Hase(nfuss) und ein Held? Und was gehört sonst noch alles zu unserer Identität?

**David McKee: Elmar**
Thienemann
Der beliebte bunte Elefant möchte lieber gleich sein wie alle andern. Denen aber gefällt Elmars Buntheit.

**Leo Lionni: Pezzettino**
Beltz & Gelberg
*«Bestimmt bin ich ein Stück von irgendwas! Aber wovon?»*

**Maria Blazejovsky: Emma Pippifilippi**
Jungbrunnen
Nicht alle Möwen wollen Emma heissen, denn jede ist doch etwas Besonderes – wie wir alle!

**Kathryn Cave: Irgendwie Anders**
Oetinger
Irgendwie Anders ist nicht und tut nichts so wie die andern. Aber als ihn das kleine Etwas besucht, schickt er es zuerst auch weg, so wie er fortgejagt worden war von den andern ...

**Manuela Olten: Echte Kerle**
Bajazzo
Sind die zwei grossmäuligen Buben wirklich echte Kerle? Und haben wirklich immer nur die Mädchen Angst?

**Cornelia Funke: Prinzessin Isabella**
Oetinger
Die Jüngste von drei Prinzessinnen findet es gar nicht so schön, eine Prinzessin zu sein, und schmeisst die Krone in den Teich. Papa König bestraft sie mit Küchen- und Stalldienst – doch das findet Isabella toll! Wer darf eigentlich bestimmen, wie man sein soll?

**Nele Moost: Wenn die Ziege schwimmen lernt**
Parabel
Müssen alle alles können?
Kann man alles lernen?

## Tipps zu Bilderbüchern

Eine kommentierte Liste mit Kinderbüchern zu vielen der möglichen Themen und Fragen zum Philosophieren finden Sie auf meiner Website www.kinderphilosophie.ch.
Und auf www.elearning.phtg.ch/philosophieren haben Studierende der Pädagogischen Hochschule Thurgau viele Bilderbücher vorgestellt, mit denen sie im Kindergarten oder in der Primarschule philosophieren. Ihre Planungsideen für Lektionen und vor allem die vielen Hebammenfragen zu jedem Buch sind auch für Eltern oder Grosseltern sehr hilfreich.

# Teil II: Philosophieren über Fragen der Ethik

**Nachdenken über Wünsche und Werte**

**Über Gefühle philosophieren?**

**Moralische Erziehung «auf Philosophisch»**

**Philosophieren über Gerechtigkeit**

# 4. Nachdenken über Wünsche und Werte

## Warum kann ich das nicht haben? Warum darf ich nie …?

Jede Mutter, jeder Vater kennt Sätze wie diese. Kinder äussern Wünsche, die ihnen abgeschlagen werden, oder sie sind mit Forderungen konfrontiert, denen sie nicht nachkommen möchten. Und wie geht die Geschichte dann weiter?

**Stephan Brülhart,** Vater mehrerer (damals) kleiner Buben, hat es in seinem Bilderbuch **Prinz Fridolin darf alles** herrlich erzählt:

Der kleine Löwenprinz Fridolin hat tausend Wünsche, und sein Vater, als grosser König Frido I. bekannt, erfüllt sie ihm alle. Er trägt ihn auf seinen Schultern spazieren, lässt den ganzen Hofstaat kopfstehen, weil Fridolin sonst nicht schlafen will, organisiert ihm Lastwagen voller Himbeereis oder Schnee in der Wüste, damit das Prinzchen Schlitten fahren kann. Doch als Fridolin darauf besteht, dass die Sonne in der Nacht scheinen soll, weiss der erschöpfte Papa keinen Rat mehr und zieht seine Weisen bei.

Der schlaue Fuchs meint: *«Ich kenne das Lösungswort!» «Dann sag es mir»,* fordert der König. Doch die Antwort lautet: *«Nein.» «Willst du Geld?» «Nein.» «Du bist ein Betrüger!» «NEIN ist das Lösungswort!»*, muss Füchslein zuletzt dem ärgerlichen Vater erklären.

Die Wirkung des kleinen Wörtchens ist ausserordentlich! Prinz Fridolin zieht alle Register, um Papa umzustimmen. Doch dieser bleibt bei seinem Nein, tröstet Fridolin aber liebevoll mit den Worten: *«Nicht einmal ein Königssohn kann immer alles haben.»* Da hört der Kleine auf zu weinen und denkt nach. (Die Kinder in Brülharts Geschichten denken oft nach!) Dann springt er in Papas Arme und fragt ihn:
*«Was hast du dir denn als Prinz gewünscht?»*

Wünsche sind elementare Werterfahrungen, die jedes Kind macht. Grundbedürfnisse melden sich und wollen befriedigt werden. Das Baby spürt Hunger, es wünscht sich dessen Stillung. Es fühlt sich allein und wünscht sich Zuwendung. Es sieht ein Spielzeug und möchte es ergreifen. Es erschrickt bei plötzlichem Lärm und will beruhigt werden … Vorerst ist das Kind ganz auf andere angewiesen, die ihm seine Wünsche erfüllen. Doch dann lernt es erstaunlich schnell, dass es selber gewisse Möglichkeiten hat, um zu bekommen, was es will. Nicht immer lernen Eltern gleich schnell, wie sie am besten mit den Wünschen ihres Kindes umgehen sollen. Manchen geht es wie König Frido, der erst das Füchslein brauchte, um einzusehen, dass er seinem Sohn wohl keinen Gefallen tat, indem er ihm alle Wünsche zu erfüllen versuchte. Doch wann ist es wichtig, dem Kind etwas abzuschlagen? Wann braucht es bedingungslos unsere Zuwendung und Unterstützung? Keine leichten Entscheidungen!

**Philosophieren mit Fridolin**

Wer das Buch von Prinz Fridolin auftreiben kann (es ist schon bald 20 Jahre alt, steht aber noch in vielen Bibliotheken!), könnte damit schon Dreijährige (und Väter wie König Frido!) mittels Hebammenfragen zu Begründungen und mehr Verständnis anleiten:

- Warum kann man eigentlich nicht alles haben?
- Welche Wünsche sind erfüllbar?
- Welche nicht und wieso denn nicht?
- Und: *Muss* man überhaupt alles haben?
- Was unbedingt, was vielleicht und was gar nicht? Weshalb denn?

**Für Grundschulkinder** braucht man nicht einmal diese Geschichte, um zur selben Grundfrage ein philosophisches Gespräch über Werte zu beginnen. So mancher Einkaufsbummel wird die Frage genauso aufwerfen. Doch Achtung, liebe Eltern! Dann werden Sie Farbe bekennen und gute Gründe dafür haben müssen, dass Ihr neues Kleid wichtiger sei als die Playstation aus dem Schaufenster nebenan. Dies gehört zum Philosophieren *mit* Kindern: Wir können uns nicht darauf verlassen, immer schon die «gescheiteren» Antworten oder stärkeren Argumente auf Lager zu haben und die Kinder gleich damit zu überzeugen. Welche Einkäufe sind tatsächlich wichtiger, und für wen denn und weshalb? Eine Frage, die sich in unserer konsumorientierten Welt für alle stellt oder stellen sollte. Doch müssen – und können – solche wichtigen Gespräche natürlich nicht gleich vor dem Schaufenster geführt werden. Aber sprechen Sie dem quengelnden Kind seinen Wunsch nicht einfach ab, wie wenn er unbedeutend wäre! Bestätigen Sie ihm stattdessen den Wunsch so liebevoll wie König Frido, indem Sie vielleicht sagen: «Ja, ich merke, diese Playstation wäre toll für dich! Lass uns heute Abend zu Hause darüber sprechen.» Um dann «unter die Oberfläche» zu gehen, brauchen wir Ruhe und Zeit, und am besten rufen wir dazu gleich «alle unsere Weisen» – sprich: die ganze Familie – zusammen und tauschen dann Beispiele unserer Wünsche und Werte aus, wie Fridolin mit seinem Vater. Wünsche dürfen immer sein, ob man sie jedoch erfüllen kann oder vielleicht besser gar nicht erfüllen sollte, darüber müsste man gründlicher nachdenken. Zur Vertiefung liesse sich dann noch ein Märchen beiziehen, in dem es ums Wünschen geht, zum Beispiel das vom Fischer und seiner Frau oder ähnliche Geschichten. Mit Kindern so über Wünsche und Werte zu philosophieren, braucht zwar Zeit, doch es vermag Eltern auch zu entlasten, so wie wir dies schon bei den Kinderfragen in Teil I gesehen haben. Man gibt den Kindern mit dem Vertrauen in ihre Denkfähigkeiten ein Stück der Verantwortung für ihr Tun und Lassen ab. Um damit gut umgehen zu können, brauchen Heranwachsende zugleich aber das Vorbild der Erwachsenen im Gebrauch der Denkwerkzeuge. Philosophieren wir also mit, zum Beispiel über unsere Wünsche!

**In einer Schulklasse** kann eine Lehrperson (zum Beispiel im Anschluss an die vergnügliche Lektüre des Fridolinbuches) ein philosophisches Gespräch mit den folgenden Hebammenfragen anleiten. Das beiliegende Buchzeichen mit den Werkzeugen mag dabei als Verständnishilfe dienen.

**Grundfragen:**
**1. Was sind denn überhaupt Wünsche?**
**2. Und wozu sollten sie da sein, wenn nicht, um erfüllt zu werden?**

Wir beginnen beim **Erfahrungsbezug:**

- Fridolin hatte ja schon ziemlich ausgefallene Wünsche. Welche Wünsche kennt ihr von euch selber? An wen waren sie gerichtet?
- Wenn ihr euch zu Weihnachten oder zum Geburtstag etwas wünschen dürft: Was steht dann auf eurer Liste?

- Was hätten wohl eure Eltern für Wünsche an euch?
- Was wünscht ihr euch von den Lehrpersonen? Oder den anderen Kindern?
- Was wünscht ihr von einer guten Freundschaft?
- Wer von euch hat einen Wunsch, der ihm/ihr schon ganz lange am Herzen liegt?

Dann schreiten wir zur **Begriffsklärung** *(Werkzeug W – Was meinst du mit …?):*
- Was genau macht denn einen Wunsch aus?
- Welche Arten von Wünschen könnte es geben?
- Was ist der Unterschied, ob ich etwas möchte, wünsche, will oder gar brauche?
- Wie unterscheidet sich ein Wunsch von einem Befehl oder einem Vorschlag?
- Was ist ähnlich wie bei einer Hoffnung oder einem Traum?
- Was könnte das Gegenteil von einem Wunsch sein? Vielleicht die Wirklichkeit?
- Was sind gute/schlechte Wünsche? Was ist gut/schlecht an ihnen? *(B – Beispiele)*
- Welche Wünsche sind leicht erfüllbar, welche schwer oder gar nicht? *(B und Gegenbeispiele)*
- Weshalb? *(G – Gründe)*

Solche Fragen haben zum Ziel, einen Begriff durch Analyse besser zu verstehen: Wie ist das genau mit den Wünschen? Die **Antworten sind beschreibend**, sie erklären und erläutern, sie kommen vielleicht als Hypothese daher, wie es sein könnte. Man versucht sich darüber klar zu werden, was der Begriff alles beinhalten kann. Dazu setzen die Philosophierenden – genau wie die Wissenschaftler – den Verstand und die Logik ein. Sie benutzen das rationale, analytische, kritische (das heisst differenzierende) und manchmal auch das kreative (fantasievolle) Denken.

**Für die zweite Grundfrage sammeln wir Meinungen, die wir mit guten Gründen zu stützen versuchen.** Es geht jetzt darum, sich ein Urteil zu bilden über den *Wert* oder den *Sinn* von Wünschen oder deren Erfüllung:

- Wie findet ihr Fridolins Reaktion? Warum?
- Was macht *ihr*, wenn euch ein Wunsch nicht erfüllt wird? Was vielleicht noch?
- Welche Erfahrungen macht ihr damit?
- Könnte König Frido überhaupt alle Wünsche erfüllen? *(S – Stimmt das?)*
- Welche schon, welche vielleicht nicht? Wieso? *(B – Beispiele und GB – Gegenbeispiele plus G – Gründe)*
- Wer könnte eure Wünsche vielleicht erfüllen? *(B und GB)*
- Wie kommt das? *(G)*
- Stimmt es überhaupt, dass jeder Wunsch erfüllt werden sollte? *(S)*
- Weshalb vielleicht nicht? *(G)*
- Wann lohnt es sich, etwas zu wünschen? Weshalb? *(B/G)*
- Was wäre gut/weniger gut daran? *(B/GB)*
- Darf man immer Wünsche haben? Warum (nicht)?

Und man kann ein wenig spekulieren, das heisst mit Fantasie und Logik **Vermutungen anstellen** und dabei Annahmen und deren Folgen überlegen *(A und F)*:
- Was wäre, wenn das Wünschen verboten würde?
- Wie wäre es, wenn alle Wünsche erfüllt würden?
- Wie könnte man vielleicht selbst dafür sorgen, dass ein Wunsch in Erfüllung geht?

Auch wenn wir **wertende Aussagen** machen, sei dies über Wünsche oder das Anderssein, über das Auslachen oder irgendein anderes menschliches Verhalten, brauchen wir differenzierendes Denken und gute Begründungen, jedoch kommt hier ein zusätzlicher Aspekt zum Zuge, und der hat mit *Empfindungen, Gefühlen, Emotionen, Affekten* zu tun. Während wir uns noch einigermassen objektiv darüber einigen können, was Wünsche eigentlich sind oder welche Art von Wünschen wir in einer Diskussion meinen, ist eine Aussage über den Wert der Wünsche oder des Wünschens sehr viel relativer und subjektiver. Doch durch das gemeinsame Nachdenken können wir uns hoffentlich öfters über einzelne Werte einig werden oder zumindest Verständnis für die Unterschiede entwickeln.

## Wozu über Werte nachdenken?

Auf dem Weg zu gegenseitigem besserem Verständnis hat das Philosophieren über Wertfragen eine wichtige Bedeutung. Davon ist der australische Philosoph **Philip Cam** überzeugt. In seinem Artikel **«‹Fakt› und ›Wert› – ‹Sein› und ‹Sollen› im Kontext des Philosophierens mit Kindern»** (siehe Eva Marsal u.a.: Ethische Reflexionskompetenz im Grundschulalter, Frankfurt am Main 2007) schreibt Cam (S. 108) «... *über uns selbst nachzudenken, (macht) uns zu Menschen mit einer breiteren moralischen Basis.*» Mit John Dewey, dem grossen amerikanischen Pädagogen und Philosophen des Pragmatismus, der vielen als Vorreiter der Kinderphilosophie gilt, ist Cam überzeugt, dass durch die philosophische Reflexion eine schrittweise «Selbstformung» stattfindet:

***Philip Cam: «Es handelt sich dabei nicht um ein Denken, das sich auf Befriedigung unserer primären Wünsche richtet, sondern um ein Denken dahingehend, die Art von Mensch zu werden, die wir sein wollen – dahingehend, diejenigen Wünsche, Gewohnheiten und Einstellungen zu haben, die wir aufgrund unserer Reflexion haben wollen. Es handelt sich um essenziell moralisches Denken in Richtung auf eine Selbstformung.» (S.103)***

Die Schritte dazu beschreibt Cam so:

- Als Erstes brauchen Kinder alltägliche *«Primärerfahrungen»* wie *«Vermutungen bezüglich der Fakten und ihrer spontanen Handlungen, Angewohnheiten, Wünsche, Einstellungen und Werte»*.
- Zweitens sollen sie diese reflektieren können, indem sie Fragen dazu stellen, unterschiedliche Standpunkte vergleichen, Alternativen bedenken, Streitpunkte untersuchen, Konsequenzen bedenken, Vorteile abwägen …
- Drittens überdenken und bewerten sie ihre Annahmen, Gewohnheiten, Wünsche und Einstellungen und entwickeln sich dadurch zu der Persönlichkeit, die sie sein wollen.
- Viertens: Weil dieser reflexive Prozess in der Gruppe gemeinschaftlich geschieht, ist er intersubjektiv, d.h., jedes Individuum wird von den Gedanken der andern mitgefördert.
- *«Fünftens, da die Annahmen, Einstellungen und Werte von Individuen nicht nur ihrer eigenen Überprüfung unterliegen, sondern auch der öffentlichen Reflexion ihrer Mitmenschen, fördert dieser Prozess eine tief sozialisierte Selbstformung.» (S. 108)*

***«Dies bedeutet, dass in der Community of Inquiry (Untersuchungsgemeinschaft) Werte nicht als gegebene, unzweifelhafte Endgültigkeiten angesehen werden, sondern eher als Prinzipien, über die man nachdenken sollte, als Praktiken, die untersucht werden sollten, als Wege, die erforscht werden sollten, und als Richtungen, die gewählt werden sollten, während wir lernen, unseren Weg in unser Leben zu finden.» (S. 110)***

Über Prinzipien, Praktiken, Wege nachdenken, die unser Leben bestimmen sollen, das ist Ethik: An welchen Werten wollen und sollen wir unsere Entscheidungen und Handlungen messen? Was ist gut, was böse? Und wer bestimmt dies? Was dürfen oder müssen wir tun? Wie sollen wir leben?

Während philosophische Anthropologen umfassend fragen: Was ist der Mensch seinem Wesen nach?, konzentriert sich der Teilbereich Ethik auf die Frage: Wann sind wir *gute* Menschen? Und: Was ist überhaupt «gut» zu nennen?

Eine religiös geprägte Moral kann sich für Antworten zu diesen Fragen auf Gott und auf heilige Texte berufen, Philosophen und Philosophinnen aber sind auf die Vernunft und die Logik angewiesen, wenn sie über Sinn und Werte, über Moralvorstellungen und deren Gültigkeit, Entstehung und Veränderungen im Laufe der Zeit nachdenken und zu begründen versuchen, welche Richtlinien wir eigentlich brauchen und wozu wir ihnen folgen sollten. Aber genügen dazu die kritischen und die kreativen Denkwerkzeuge? Für das Philosophieren mit Kindern stellt das so genannte «Caring Thinking» eine wertvolle und meiner Meinung nach sogar unverzichtbare Ergänzung dar.

## «Caring Thinking» und die «Community of Inquiry»

Einige Kinderphilosophinnen und -philosophen haben dem kritischen und dem kreativen Denken noch eine dritte Komponente beigestellt: Sie wird auf Englisch als «Caring Thinking» bezeichnet und lässt sich – zwar etwas unbeholfen – übersetzen als «fürsorglich teilnehmendes Denken». **Ann Margaret Sharp,** eine der amerikanischen Pionierinnen der Kinderphilosophie, beschreibt diese Art des Denkens ausführlich in ihrem Artikel **«Unterrichtsgegenstand Gefühle: das Klassenzimmer als *Community of Inquiry*»** (ebenfalls in Eva Marsals Reader: Ethische Reflexionskompetenz im Grundschulalter, Frankfurt am Main 2007). Auf ihre Gedanken beziehe ich mich im Folgenden.

Die Bezeichnung **«Community of Inquiry» («Untersuchungsgemeinschaft»)** hat sich in der von Amerika ausgegangenen P4C (Philosophy *for* Children) etabliert und meint die Gemeinschaft der philosophierenden Kinder einer Schulklasse unter der Leitung einer Lehrperson, die als Moderator/-in («facilitator») das Gespräch strukturiert und begleitet. Eine solche Gemeinschaft kann aber auch aus einer Familie bestehen, bei der sich alle gleichberechtigt um ein Gespräch bemühen, das philosophischen Charakter hat. Sowohl Philip Cam als auch der in früheren Kapiteln erwähnte Thomas Jackson von Hawaii wenden die Grundsätze der P4C an, welche der Pionier Matthew Lipman zusammen mit Ann Margaret Sharp in den frühen 70er-Jahren des letzten Jahrhunderts entwickelt hat. Lipmans P4C war ursprünglich stark auf das logische Denken fokussiert. «Thinking skills» – Denkfertigkeiten – sollten schon im Kindergarten eingeübt und bis zur Highschool perfektioniert werden. Dies in der Hoffnung, dass spätere Studentinnen und Studenten besser argumentieren würden als jene, die Professor Lipman an der Columbia University damals erlebt hatte. Seine philosophischen Lehrmittel für die Schulen haben grosse Beachtung gefunden und werden noch heute weltweit in vielen Ländern eingesetzt, zum Beispiel in Australien von Philip Cam und dessen Kollegen und Kolleginnen. Auch in Hawaii kamen diese Lehrmittel anfänglich zum Einsatz, doch hat Thomas Jackson dort schon bald einmal Veränderungen vorgenommen, die mit **«Caring Thinking»** zu tun haben: Die Emotionalität des Menschen wurde dabei stärker ins Licht gerückt («safe place») und damit Lipmans kognitiver Ansatz um psychologische und pädagogische Ideen angereichert. Wie sich dies heute in der «little p-philosophy for children Hawaii (p4cH)» praktisch spiegelt, wurde schon beschrieben. Was haben nun aber Emotionalität und «Caring Thinking» mit ethischen Gesprächen und Philosophieren über Werte und Moral zu tun? Und was genau ist denn gemeint mit diesem **«fürsorglich teilnehmenden Denken»?**

Die Pädagogik-Professorin Ann Margaret Sharp – bzw. ihr Übersetzer Herbert Küpers – formuliert es in ihrem Artikel so:

***«Caring Thinking stützt sich auf Kommunikation, Deutung, Einfühlungsvermögen, Mitgefühl, Verständnis und Dialog. Integriert in gemeinschaftliches dialogisches Fragen stellt es eine Erziehung und Bildung auf der Ebene von Gefühlen dar, einen notwendigen Bestandteil globaler Intelligenz. Durch dieses Denken sollen Bewusstsein für andere, Dialogfähigkeit, Verständnis und forschendes Fragen gefördert werden.» (S. 205)***

Im gemeinsamen «fürsorglich teilnehmenden Denken» über wichtige Dinge sollen also emotionales und kognitives Denken miteinander verschmelzen, und den Sinn davon beschreibt Sharp so:

***«Caring Thinking verleiht den Schülerinnen und Schülern die Macht, ein solides Wertesystem aufzubauen, das als Basis eines vernünftigen, auf Mitgefühl beruhenden Urteils dienen kann. Ausdrucksformen dieses Denkens sind zugleich Urteile und Manifestationen kritischen und kreativen Denkens.» (S. 206)***

Indem Sharp sich auf Lipmans Werk «Thinking in Education» (New York 2002) beruft, beschreibt sie danach vier Aspekte dieser Art von Denken.

**Wertschätzendes Denken** (valuational thinking) zeigt sich auf zwei Weisen:

Wenn jemand in konkreten Dingen die Schönheit spüren und geniessen kann, sich begeistert zeigt über Naturereignisse oder Kunstwerke, aber auch in unscheinbaren Kleinigkeiten einen hohen Wert entdeckt und schätzt, wie es manchmal bei Kindern vorkommt, die «*Federn, Kieselsteine oder Mineralien sammeln, einfach weil ihnen die Farbe, Form oder die Art, wie sie sich anfühlen, gefällt*».

Wertschätzung zeigt sich aber auch, wenn wir Abstraktes wie etwa Einstellungen, Verhaltensweisen oder persönliche Eigenschaften wahrnehmen und würdigen, wenn man sich seiner Werte bewusst ist und versteht, weshalb einem etwas viel bedeutet und wichtig ist. Dies gilt ebenso für den Blick auf andere Gesellschaften und deren Kulturen. Eine Person, die wertschätzend denkt, besitzt intensiv ausgeprägte Gefühle und erhöhte Sensibilität; sie ist sich ihrer eigenen Werte und Massstäbe bewusst und zeigt die Bereitschaft, diese zu begründen und zu erläutern.

**Affektives Denken** zeigt sich zum Beispiel bei Kindern, die auf Ungerechtigkeiten emotional und kognitiv heftig reagieren. Sie empfinden starke Empathie und empören sich über Unrecht, das unschuldigen Dritten – zum Beispiel Tieren – angetan wird. Damit verbunden sind die Bereitschaft, sich zu engagieren, und die Entschlossenheit, einzugreifen, allerdings ohne Gewalt anzuwenden. «*Zugefügtes Unrecht, insbesondere wenn es Altersgenossen trifft, wird ernst genommen, und zwar derart, dass sie selbst darunter mehr zu leiden scheinen als das Opfer. Diese Gefühle anzuerkennen und mit ihnen auf gewaltlose Art und Weise umzugehen, macht affektives Denken aus.*» (S. 209)

Um dies zu fördern, empfiehlt Sharp (bzw. Lipman), in den Schulen ein hohes Mass an Partizipation (Mitbestimmung) zu ermöglichen, und ich meine, dasselbe gilt auch für Elternhäuser. Kinder sollen mitentscheiden bei allem, was sie betrifft, so wie es im Übrigen ja auch die UNICEF-Charta der Kinderrechte vorschreibt. «*Wichtig ist, dass Kinder lernen, alle Seiten einer Angelegenheit zu diskutieren, indem sie die in der Gruppe vorhandenen vielfachen Perspektiven berücksichtigen und darauf achten, wie der Einzelne durch Sprache und Verhalten der andern beeinflusst wird.*» (S. 208) So können Kinder ein solides moralisches Urteilsvermögen entwickeln.

**Aktives Denken** haben Menschen, die sich leidenschaftlich einer Aufgabe annehmen und in dieser voll aufgehen. Solche Menschen konzentrieren sich auf die Suche nach einer Lösung für ein Problem, anstatt sich von Hilflosigkeit überwältigen zu lassen. Sie haben ein erhöhtes Bewusstsein für den Anderen, denken mitfühlend und zeigen die Bereitschaft, durch Handeln eine Situation zu verbessern.

**Normatives Denken** vergleicht das tatsächlich Vorhandene – den Ist-Zustand – mit dem, was sein könnte – dem Soll-Zustand –, um aktiv an einer Verbesserung zu arbeiten.

Die globalen Probleme von Umweltschutz, Tierschutz, Menschenrechten verlangen, dass wir den Egoismus hinter uns lassen. «De-Zentralisierung» – so nennt es Sharp – ist nötig, um sich an der Ausarbeitung von Lösungen gesellschaftlicher und globaler Probleme zu beteiligen. Kinder wären damit noch weitgehend überfordert, aber sie müssen wenigstens Gelegenheiten bekommen, ihre eigenen Werte zu erkennen und in Richtung Ver-allgemeinerbarkeit weiterzudenken, zum Beispiel indem wir sie überlegen lassen, in welcher Art von Gesellschaft oder Welt sie leben möchten.

**Alle vier Aspekte des «Caring Thinking» gilt es mit Kindern zu pflegen.** Idealerweise geschieht dies in einer schulischen oder privaten «Community of Inquiry», indem wir das Bewusstsein für Beziehungen schärfen, und zwar nicht nur die zwischenmenschlichen, sondern auch die zur Natur, zu Gegenständen und ebenso zu abstrakten Dingen wie etwa Einstellungen oder Gefühlen und Gedanken. Wir sollten die Kinder immer wieder entdecken lassen, wie wir mit allem und allen in Beziehung stehen.

***«Caring Thinking fördern heisst, Gefühlstiefe, Mitgefühl und Gerechtigkeitssinn zu fördern und Schulkindern Strategien zu vermitteln, wie sie durch Rückgriff auf den Dialog auf konstruktive und gewaltlose Weise reagieren können.» (S. 211)***

Wie könnten wir nun dieses fürsorglich teilnehmende Denken in Schulklassen oder anderen Gruppen aufbauen, üben und pflegen? Hier ein paar Tipps dazu. Versuchen Sie doch herauszufinden, welche der vier beschriebenen Aspekte in den Übungen enthalten sind.

### Philosophieren über das Sammeln

Philosophieren wir in der Familie oder im Kindergarten oder selbst in Primar- und höheren Schulen doch einmal über das Thema «Sammeln». Die meisten Menschen tun es in den unterschiedlichsten Weisen: Sie bringen Muscheln oder andere Feriensouvenirs heim, kaufen Kakteen fürs Blumenfenster, stellen Eulen

(wie sie bei mir im «Käuzli» zu Dutzenden herumstehen!) oder andere Tierfiguren auf ihre Regale, häufen Musikträger oder DVDs an … Selbst Briefmarken sind noch immer für manche von grossem Interesse. Andere sammeln Rezepte oder Bücher oder Erlebnisse, die sie in Tagebüchern oder Fotoalben festhalten, oder sie merken sich Witze, mit denen sie sich an gesellschaftlichen Anlässen hervortun.

### Das Museum der Schätze

Als Vorbereitung auf so ein Gespräch kann das Klassenzimmer eine Zeit lang zum «Museum der Schätze» werden: Jedes Kind darf darin etwas ausstellen, das ihm ganz besonders wichtig ist. In einer Morgenrunde stellt jeweils ein Kind seinen Gegenstand vor – das kann auch eine Geschichte sein, die es erlebt hat – und es erzählt, was ihm daran so besonders gut gefällt.

Zum **Philosophieren über das Sammeln** sammeln wir jetzt auch, und zwar möglichst viele Beispiele von Sammelleidenschaften, die wir einander erzählen. Danach stellen wir uns gegenseitig **Hebammenfragen** und diskutieren darüber:

- Wieso tun wir Menschen das eigentlich, obwohl wir das Sammeln zum Überleben doch keineswegs mehr nötig hätten, zumindest nicht in unseren Breitengraden?
- Warum sammeln wir eigentlich gerade diese konkreten oder auch abstrakten Dinge? Was gefällt uns daran? Was bedeuten sie uns?
- Worauf achten wir, wenn ein neues Teil dazukommen soll? Warum?
- Gibt es Lieblingsstücke? Was macht sie dazu?
- Welches Objekt wären wir bereit herzugeben? Warum?
- Von welchen der Sammelleidenschaften anderer könntest du dich vielleicht auch anstecken lassen? Weshalb?
- Was vermutest du: Wem würde deine Sammlung auch noch gefallen? Wie kommst du darauf?
- Sammeln eigentlich die meisten Menschen etwas?
- Könnte es Menschen geben, die gar nichts sammeln? Nicht einmal Erinnerungen?

## Gefühlsbarometer und Wochenrückblick

Als Wochenend-Ritual geht der Gesprächsball einmal rundum, und wer ihn hält, beschreibt sein wichtigstes Werterlebnis der Woche:

- Am besten gefallen hat mir diese Woche ..., weil ...
- Oder: Das fand ich am schwierigsten, das hat mich geärgert/gefreut/verwirrt ..., weil ...
- Oder: Ich freue mich heute besonders auf ..., weil ...

Oder der bunte Gesprächsball macht am Morgen einmal die Runde, wobei jedes Kind sich eine Farbe aussucht und den anderen dann mitteilt: «Heute fühle ich mich so rosarot wie dieser Faden hier, denn ich habe Geburtstag und freue mich schon auf das Fest heute Mittag.» So kommt nicht nur das kritisch unterscheidende Wahrnehmen und Denken zum Zug, sondern es werden zugleich einmal mehr das kreative Denken und das Begründen geübt.

Viele Lehrpersonen hängen dazu eine Gefühlsuhr oder einen Kartonstreifen mit unterschiedlichen Smilies darauf an die Wand, wo jedes Kind seine Befindlichkeit anzeigen kann, sei es, dass es eine Wäscheklammer mit seinem Namen darauf zum zutreffenden Gesichtchen klemmt oder den Zeiger der Uhr gemäss seiner Stimmung einstellt. Zur Verstärkung der Selbstwahrnehmung lassen wir das Kind seinen Beitrag begründen. Zum Üben der Empathie und zugleich zur Verstärkung des Gemeinschaftsgefühls fragen wir die andern: Wer kann Kind A sagen, was er/sie von seinem Gefühl mitbekommen hat? Dann wirft Kind A den Ball jemandem zu, von dem es diese Spiegelung hören möchte.

**Caring Thinking – fürsorglich teilnehmendes Denken** in all seinen beschriebenen Formen – klingt dies nicht eher nach **Psychologie und** für einige vielleicht sogar nach zu sanfter **«Kuschel-Pädagogik»?** Was sollen fürsorgliche Emotionen mit dem rationalen Denken der Philosophie zu tun haben? Diese Frage ist nicht neu, und tatsächlich überlegen sich mehrere Kinderphilosophinnen und -philosophen, ob ihr Ansatz nicht besser **«philosophische Pädagogik»** genannt werden sollte. Auch ich tendiere zu dieser Bezeichnung, weil es mir nicht um ein rein rationales Philosophieren um des Philosophierens willen geht, wie man es manchen Elfenbeinturm-Fachphilosophen vorwirft. Mir geht es vielmehr um die «fürsorglich teilnehmende» Begleitung von Kindern und Jugendlichen in ein Leben und eine Welt hinein, wo ihnen allerhand Wunderbares, aber auch Schweres und Erschreckendes begegnen wird. Sie werden verunsichernde Begebenheiten antreffen, die sie unbedingt verstehen wollen, um sie verkraften zu können, und sie werden emotionale Erfahrungen machen, die es zu integrieren oder hoffentlich auch einfach zu geniessen gilt.

**Lehren wir die Kinder doch, wie man Dinge mittels der Werkzeugkiste erforschen und besser verstehen kann, bieten wir ihnen in einer sicheren Umgebung Gelegenheiten, sich durch immer differenziertere (Selbst-)Wahrnehmung und gründliche Reflexion bewusster zu werden über ihre eigenen Werte und Gefühle!**

**Zeigen wir ihnen, wie man sich fundierte Meinungen bildet, anstatt Vorurteilen aufzusitzen, und wie wir uns philosophierend auf Werte einigen, welche wir alle teilen können!**

**Eine solche Erziehung nenne ich philosophische Pädagogik. Deren Ziel ist es, dass die Kinder sich zu ganzheitlich denkenden und fühlenden Menschen entwickeln, die bereit sind, gewaltfrei und vernunftgesteuert ihren Platz im Leben und in der Gemeinschaft zu suchen, um sinnerfüllt zu leben.**

## Bilderbücher zu Freundschaft und Glück

**Helme Heine: Freunde**
Middelhauve
Der Klassiker zum Thema! Müssen richtige Freunde alles gemeinsam tun?
Ab Kindergarten geeignet

**Matthias Sodtke: Gibt es eigentlich Brummer, die nach Möhren schmecken?**
Lappan
Kann das eine richtige Freundschaft sein, wenn Nulli und Priesemut nicht mal dasselbe Essen vertragen? Was tun gute Freunde für- und miteinander?
Für Grundschulkinder zum Selberlesen

**Matthias Sodtke: Ausgelacht!**
Lappan
Schweinchen Schorschi will sich zwischen Hase Nulli und Frosch Priesemut drängen, aber so findet man natürlich nie Freunde! Sodtkes zweiter Hit nach dem «Brummer»-Buch!

**Stijn Moekaars: Bär und Biene**
Sauerländer
Die zärtlichsten Kurzgeschichten über Freundschaft zwischen Gross und Klein, sparsam, aber liebevoll illustriert.
Ab 9 Jahren

**Katja Reider/Jutta Bücker: Herr Jasper/ Frau Kühnlein sucht das Glück**
sanssouci
Ein geniales Umkehrbuch mit zwei Perspektiven: Wo oder wie findet man das Glück? Selbst für Erwachsene aufschlussreich!

# 5. Über Gefühle philosophieren?

## Psychologie oder Philosophie?

Auch wenn wir die Gefühle zum Thema des Nachdenkens machen, stellt sich die Frage nach dem Unterschied zwischen Philosophie und Psychologie. Was sind ihre Interessen an emotionalen Fragen?

Wenn wir mit Kindern oder Jugendlichen zum Beispiel über Angst oder auch Mut philosophieren, tun wir dies nicht mit der Absicht, einen *einzelnen* Menschen mit seinen Emotionen oder mit seiner einzelnen Problematik zu verstehen, wie dies ein praktizierender Psychologe tun würde, sondern es geht uns darum, ein Phänomen, das wir alle – wenn auch in unterschiedlichen Variationen – kennen, genauer zu untersuchen. Das Ziel ist nicht ein therapeutisches, obwohl es durchaus vorkommen kann und darf, dass ein Kind nach dem Philosophieren bessere Strategien kennt, um mit seiner Angst oder mit der Wut fertigzuwerden. Es ist jedoch nicht sinnvoll, gerade dann ein philosophisches Gespräch zu versuchen, wenn ein starkes Gefühl bei einem/einer der Teilnehmenden akut ist, denn selbst Caring Thinking erfordert einen klaren Kopf, der sich auf Prinzipielles und Allgemeines konzentrieren kann: Was ist Angst *eigentlich* genau? Warum gibt es sie *überhaupt?* Wie könnte *man* sie loswerden? Muss man sie denn immer loswerden? Ist sie wirklich *immer* schlecht? Muss *man* sich dafür schämen? Beim Philosophieren interessiert uns das *allgemein Menschliche*, die Tatsache, dass wir *alle* die emotionalen Phänomene kennen und irgendwie damit umgehen müssen. Wie alle Naturwissenschaften interessiert sich auch die wissenschaftliche Psychologie dafür, *wie etwas genau ist und funktioniert*. Die Philosophie hingegen möchte zusätzlich verstehen, *was der Sinn dieser Fakten ist und was diese für unser Menschsein bedeuten*. Die Ethik versucht dies insbesondere bezüglich der Werte, der Gefühle und der moralischen Fragen.

Für die philosophische Arbeit mit Kindern und Jugendlichen scheinen mir aber diese Unterscheidungen nicht so wichtig. Viel wesentlicher finde ich es, dass wir uns überhaupt ab und zu die Zeit nehmen, gründlich über unser Leben und Zusammenleben nachzudenken, damit uns bewusst wird, welchen Einfluss wir darauf nehmen können, oder wo wir uns vielleicht manchmal auch einfach mit Gegebenheiten abfinden müssen.

## Eine Sprache für Gefühle finden

Wie geht es dir? Danke, gut. Und dir? Wie oft sagen oder hören wir diese Worte bei einer Begrüssung. Doch selbst wenn es stimmen sollte, dass es jemandem «gut» geht: Was verstehen wir denn darunter? Wenn wir als Fragende wirklich «fürsorglich teilnehmend» wissen wollen, wie sich das Gegenüber gerade fühlt, ist differenziertere Wahrnehmung und Ausdrucksweise beiderseits nötig.

Wenn wir geboren werden, bringen wir nicht nur die Bereitschaft zum Fragen mit, die sich durch Neugier, Staunen, Zweifeln und durch den Spracherwerb bis zum kritischen Denken und rationalen Philosophieren weiterentwickeln kann. Kaum auf der Welt, spüren wir auch Emotionen, die sich in vergnügtem Strampeln oder jammerndem Weinen äussern, die sich im Wohlbefinden oder Unbehagen zeigen. Anfänglich sind es rudimentäre Gefühle des Bejahens oder Verneinens: Ja, das tut mir gut. – Nein, das «will» ich nicht. Freudige Erregung oder ängstliche Zurückhaltung, wohlige Zufriedenheit oder wütender Protest. Die vier Grundgefühle Angst, Wut, Freude und Trauer kennt jedes Kind bald einmal aus Erfahrung, oft aber fehlen ihm noch die Worte, um sie in vielfältigen Varianten zu benennen und mitzuteilen. Ein Kind, das weinend zur Kindergärtnerin läuft, hat sich vielleicht wehgetan und weint aus Schmerz. Vielleicht aber ist es nur erschrocken oder seine Tränen sind Zeichen der Empörung, weil ein anderes Kind ihm etwas weggenommen hat. Die Frage «Warum weinst du?» kann es dann manchmal nicht richtig oder nur mit weiterem Weinen beantworten. Erst die Benennung durch die Kindergärtnerin macht das entsprechende Gefühl für das Kind deutlicher, selbst wenn die Kindergärtnerin sich getäuscht haben sollte. «Oh, bist du erschrocken?» wird dann je nachdem mit einem schluchzenden «Jaaa» oder einem wütenden «Neiiin!» quittiert und macht dem Kind deutlicher, was es eigentlich fühlt und weshalb es weint.

Um über Gefühle sprechen zu können, müssen wir sie zuerst deutlich wahrnehmen können, und dabei hilft uns das philosophische Werkzeug des Unterscheidens: Was ist es genau, das ich jetzt fühle? Wo in meinem Körper spüre ich etwas und von welcher Qualität? Heiss? Kalt? Zitterig? Flau? Oft hilft es, ein Bild oder einen Vergleich zur Beschreibung des Gefühls beizuziehen: In mir lodert es wie Feuer! Mir hüpft das Herz. Ich fühle mich wie ein brüllender Löwe. Oder die Kinder zeigen mit Klängen oder Bewegungen, wie sie sich gerade fühlen, und die Lehrperson – und zu Hause natürlich die Eltern und andere Bezugspersonen – versuchen, dem Gefühl des Kindes eine sprachlich möglichst treffende «Etikette» zu geben. Dabei darf nachgefragt werden: Passt jetzt wohl «fröhlich» oder «übermütig» besser zu deinem Gefühl? Woran hätte ich das merken können? Wie hüpfst du, wenn du einfach fröhlich bist? Und wie sieht es aus, wenn du übermütig bist? Je differenzierter die so mit Bezeichnungen versehene Selbstwahrnehmung ist, desto grösser kann der entsprechende Wortschatz werden.

**Alikis Bilderbuch** bringt uns auf viele Ideen. Zum Beispiel spielt ein Kind mimisch ein Gefühl vor, das die andern zu erraten versuchen. Oder: Ein Kind stellt sich genau so hin wie eines in der Geschichte, und andere Kinder stellen sich dahinter und nennen je einen Satz, den das vorspielende Kind in der Situation sagen würde. Wer trifft wohl das gemeinte Gefühl am genauesten?

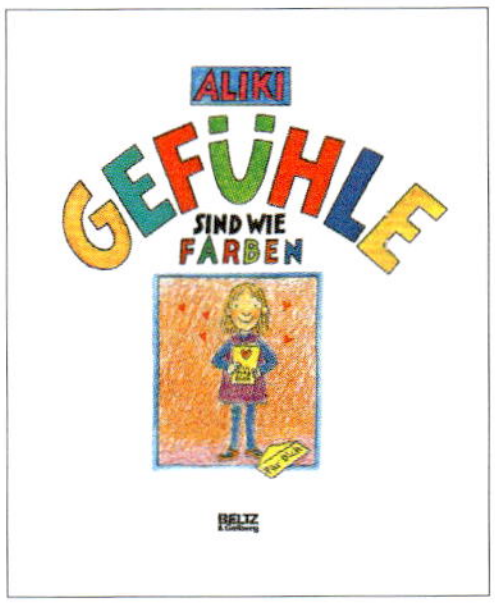


**Aliki: Gefühle sind wie Farben**
Beltz & Gelberg

Ein weiteres **Spiel für Schulkinder**, die schon einige Erfahrungen mit dem Bezeichnen von Gefühlen gemacht haben, geht so:

Wir sammeln auf kleinen Zetteln möglichst viele Gefühlswörter und schreiben immer ein Wort auf einen der Zettel. Danach legen die Kinder ihre Wörter auf eine zuvor ausgelegte Palette farbiger Papiere: Wo platzierst du «Freude»? Wo die «Wut»? Und wenn alle Gefühle einer der Farben zugeordnet sind, betrachten wir das Ergebnis und überlegen: Wieso hast du den Neid auf das gelbe Papier gelegt? Für mich wäre der Neid eher grün, weil … Oder: Wie kommt es, dass so unterschiedliche Gefühle wie Wut und Liebe beide auf dem roten Blatt gelandet sind? Gibt es denn etwas, das die beiden verbindet?

Besonders interessant wird die Sache, wenn wir das Werten der Gefühle mit einbeziehen: Diesmal stehen nur die beiden Pole Schwarz und Weiss zur Verfügung, und die Zettel mit den Begriffen sollen diesen beiden zugeordnet werden. Schnell wird klar: Angst könnte zum Beispiel auf beide Seiten passen, denn manchmal ist es gut, Angst zu haben, weil sie uns schützt. Andererseits ist es doch sehr unangenehm, sie zu spüren … ausser vielleicht die Gruselangst in der Geisterbahn, die ist doch eigentlich ganz angenehm, oder nicht?

**Für die Gefühle eine angemessene Sprache zu entwickeln,** ist besonders wichtig, weil die Gefahr von Missverständnissen hier noch viel grösser ist als bei den Wörtern, die konkrete Dinge bezeichnen. Wenn mir ein Kind von einem lustigen Haus erzählt, das es auf dem Schulweg gesehen hat, weiss ich zwar nicht, wie dieses Haus genau ausgesehen hat. Aber ich stelle mir sicherlich etwas mit Wänden und Dach, Fenstern und Türe vor und dass es vermutlich bewohnt ist. Vielleicht stellt es sich dann heraus, dass ein Schneckenhaus gemeint war, das ja nun dieser Beschreibung kaum entspricht. Trotzdem wird es selbst für ein Kind leicht sein, meinen Irrtum aufzuklären, denn auch mit Schnecken habe ich so meine Erfahrungen, und man kann deren Haus einigermassen objektiv beschreiben. Bei Gefühlen dagegen ist die Verständigung wesentlich problematischer, weil unsere Empfindungen subjektiv erlebt werden, sehr individuell «gefärbt» und damit viel schwieriger mitzuteilen sind. Angst ist nicht gleich Angst. Sie kann gross, klein, stark, schrecklich, panisch sein, vielleicht aber auch nur eine leichte Sorge bedeuten. Wut kann als Ärger, Verstimmung, heiliger Zorn … vorkommen. «Mir geht es gut» könnte heissen: Ich fühle mich wohl, zufrieden, fröhlich, glücklich, bequem, erleichtert … Und selbst wenn die Kinder durch kleine Übungen – wie die oben beschriebenen Beispiele – allmählich eine breitere Auswahl an Benennungen eines bestimmten Gefühls zur Verfügung haben, ist es nicht selbstverständlich, dass wir ihre Aussagen auch wirklich genau verstehen. Verständigung über Emotionen braucht nebst dem Wunsch, verstehen zu *wollen*, beiderseits exakte Selbstwahrnehmung, weil Empathie – sich in jemanden einfühlen können – immer auch angewiesen ist auf die Resonanz eigener innerer Erfahrungen. Weil emotionale Erfahrungen diesen subjektiven Charakter haben, wird meine Wut, Freude, Trauer … nie hundertprozentig identisch sein mit deiner, und wenn ich dir davon erzähle, wirst du immer nur deine Erfahrungen damit vergleichen können. Dennoch: Wir alle können im Prinzip solche Gefühle erleben. Deshalb lohnt es sich, ab und zu ein bestimmtes Gefühl zum Thema zu machen und mit den Kindern über dessen *unterschiedliche Erscheinungsformen*, aber auch über den *Wert dieses Gefühls* zu philosophieren, zum Beispiel über die Fragen: Warum gibt es eigentlich die Angst? Muss man immer mutig sein?

## Philosophieren über Angst und Mut

Wie immer knüpfen wir das Philosophieren an den Erfahrungshorizont der Kinder.

Eine Lehrperson darf jedoch nicht erwarten, dass alle Kinder gleich freimütig zugeben werden, schon mal Angst gehabt zu haben. Selbst in einer vertrauten «safe place»-Situation kommt es vor, dass zum Beispiel **Erstklässler** behaupten, nie Angst gehabt zu haben. Liest man mit ihnen aber eine Geschichte, wo ein kleiner Bär oder sonst ein Tier sich im Dunkeln fürchtet, schiessen die Hände meist in die Höhe, weil viele Kinder sich dazu äussern möchten. Schnell ist das Eis gebrochen, und mit Fragen wie «Wem ist es denn schon mal ähnlich ergangen?» ist es leicht, vom Bilderbuch zu eigenen Erfahrungen überzuleiten.

Zur Angst vor der Dunkelheit eignet sich zum Beispiel diese zärtliche Gutenachtgeschichte:

**Martin Waddell/Barbara Firth:**
**Kannst du nicht schlafen, kleiner Bär?**
Annette Betz Verlag

**In einer dritten Klasse** malten zuerst alle Kinder eine Situation auf, die sie mit Angst in Verbindung brachten. Danach erklärte jedes seine Zeichnung, damit wir erkennen konnten, in welch unterschiedlichen «Farbtönen» ein Gefühl vorkommt und wie dieses erlebt wird. Darauf nahmen wir den Begriff Angst genauer unter die Lupe:

**Was ist eigentlich Angst genau?**

- Wer hat wann und weshalb schon mal Angst gehabt?
- Wie hat sie sich angefühlt?
- Was für eine Art von Angst war das?
- Wodurch wurde sie ausgelöst?
- Wie bist du mit der Situation damals umgegangen?

Wenn der Begriff dann ein Stück weit geklärt ist, bestehen weitere Schritte darin, über den Wert und den möglichen Sinn der Angst zu reflektieren und sich begründete Meinungen und Urteile darüber zu bilden. Wozu könnten solche Ängste vielleicht gut sein? Was macht deren Wert aus?

**Wozu sind solche Ängste eigentlich gut?**

- Was machen sie mit uns und wie gehen wir mit ihnen um? (Beispiele nennen!)
- Was bewirken sie in unserem Leben?
- Wie beeinflussen sie unser Handeln?
- Wann hindern sie uns vielleicht, das «Richtige» zu tun?
- Könnte es sein, dass die Angst manchmal unsere Freundin ist? Wann vielleicht?
- Oder sollten wir sie besser abzuschaffen versuchen? Warum (nicht)?
- Darf man überhaupt Angst haben? Wer sagt das und warum?
- Wie könnte, sollte, müsste der betroffene Mensch mit seinen Ängsten umgehen?
- Haben selbst unangenehmere Empfindungen einen Sinn? Wieso vielleicht?

Wie Angst und Mut zusammenhängen, und dass beide nicht von der Körpergrösse abhängen, wird den Kindern bei diesem Umkehrbuch klarer:

**Annegert Fuchshuber:**
**MauseMärchen – Riesengeschichte**
©1983 by Thienemann Verlag
Stuttgart/Wien

*«Zwei halbe Geschichten ergeben eine ganze. Denn dass die kleine furchtlose Haselmaus und der ängstliche Riese Bartolo zueinanderfinden, zeigt sich erst, wenn man das Bilderbuch vorwärts und rückwärts liest.»*

Hier einige **Antworten aus einer fünften Klasse** zu einer Hebammenfrage über Ängste, die zum Fantasieren und Bewerten anregte:

**Wie wäre es, wenn wir keine Ängste hätten?**

- *Das wäre nicht normal. Dann gäbe es irgendwie auch gar nichts Neues mehr zu erleben, zum Beispiel einen Verlust oder so.*
- *Ohne Angst wäre man nicht mehr sich selber, weil jeder Mensch doch Ängste hat.*
- *Angst ist eigentlich eine Sicherheit. Wenn ich keine hätte, würde ich vielleicht über einen dünnen Ast gehen und dann einknicken. Jetzt mache ich das nicht, weil ich eben Angst habe. Also passt die Angst irgendwie auf mich auf.*
- *Es gibt aber auch dumme Ängste, also unnötige, weil der Grund dafür gar nicht sein kann, zum Beispiel wenn man im Traum Angst hat, doch dort kann einem ja nicht wirklich etwas geschehen.*
- *Ich kann auf keine der Ängste verzichten, weil zum Beispiel die Angst vor einer Prüfung macht, dass ich übe und lerne. Sie stützt mich dann.*
- *Wenn ich im Kletterpark keine Angst hätte, würde ich mich viel höher hinaufwagen, und dann wäre mir vielleicht längst etwas passiert. Ich glaube wirklich, dass die Angst zu uns gehört. Wenn sie weg wäre, würde sie fehlen, es wäre wie die Wüste ohne Sand.*
- *Ich finde auch, dass die Angst den Menschen ausmacht. Aber wie die Haarfarbe bei allen anders ist, so hat auch jeder anders Angst.*

Erstaunlich an diesen Aussagen finde ich, dass nicht nur die Schutzfunktion der Angst genannt wurde. **Einige der Ängste könnten auch ein spezifisch menschliches Phänomen sein**, weil nur ein denkendes Wesen sich unabhängig von einer konkreten gefährlichen Situation ängstigen würde. Ich klettere nicht höher, weil ich mir vorstellen kann, wie das Abstürzen wäre. Ich stelle mich auf keine dünnen Äste, weil mir schon der Gedanke an das Geräusch des brechenden Astes Gänsehaut verursacht. Weil ich mir vorstellen kann, dass ein Verlust wehtut, fürchte ich mich davor schon im Voraus. So weit haben diese Kinder vielleicht noch nicht gedacht, aber sie scheinen es gespürt oder geahnt zu haben: Nur wir Menschen kommen auf die Idee, uns über Zukünftiges, wie zum Beispiel ein allfälliges Weiterleben nach dem Tod, Sorgen zu machen. Einige Tiere mögen den nahenden Tod spüren, aber nichts deutet darauf hin, dass sie Angst vor dem Danach, einer jenseitigen Hölle oder vielleicht auch einfach vor dem Nicht-mehr-Sein haben.

Auch im Gegenpart zur Angst steckt etwas, das nur uns Menschen eigen zu sein scheint: Es mag uns mutig vorkommen, wenn eine Maus sich vor der Katze auf die Hinterbeine stellt, anstatt davonzurennen. Sie wird sich aber kaum erst nach langem Hin- und Herüberlegen dazu entschieden haben. Mit sicherem Instinkt hat sie «aus dem Bauch heraus» auf die Gefahr reagiert, und es sind die Menschen, die darin dann einen Akt des Mutes – oder je nachdem auch der Verzweiflung – sehen. Doch ist die *Maus* wirklich mutig? Braucht es zu «echtem Mut» nicht auch das Wissen um die verschiedenen Möglichkeiten zu *agieren*? Die Maus *re-agiert* reflexartig, instinktiv. Der Mensch aber hätte im Prinzip die Fähigkeit, den Impuls zu stoppen zugunsten einer Aktion statt einer blossen Reaktion.

Zwar gibt es auch Menschen, die nicht lange abwägen vor ihren mutigen Taten, aber im Prinzip hätten wir alle die Möglichkeit, dies zu tun. Und manchmal ist es wirklich sinnvoller, nicht nur den «Bauch» sprechen zu lassen, sondern durch differenzierte Überlegungen zur bestmöglichen Entscheidung zu gelangen. Erst wer sich einer Gefahrensituation bewusst ist und abschätzen kann, ob es sich lohnt, die Angst zu überwinden und zu kämpfen, ist wirklich mutig. Ansonsten kann es sich zeigen, dass er tollkühn oder aber feige war.

Obschon wir auch beim Philosophieren über Gefühle das **Ziel** haben, **zu solch allgemeinen Erkenntnissen vorzustossen**, beginnen wir mit Kindern immer nahe an ihrem Erfahrungshorizont, und wenn wir es mit etwas zurückhaltenden Kindern zu tun haben, lohnt es sich einmal mehr, auf entsprechende Bilderbücher oder Geschichten zurückzugreifen. Im Laufe des Erzählens oder Vorlesens werden die Kinder den Sprung von den Protagonisten zu eigenen Erfahrungen dann locker schaffen. So griff zum Beispiel eine Lehrerin mit ihrer **dritten Klasse das Thema Mut und Mutproben** auf, weil sie mitbekommen hatte, dass ihre Kinder sich in der Freizeit gerade damit befassten. Sie entschloss sich, dies anhand des wunderbar witzigen und naturalistisch illustrierten Bilderbuches von **Lorenz Pauli** und **Kathrin Schärer: mutig, mutig** (aus dem Atlantis Verlag Zürich 2007) zu tun.

**Die Geschichte** handelt von vier Tieren, die einen Wettkampf beschliessen, der zeigen soll, wer von ihnen am mutigsten sei. Maus, Schnecke, Frosch und Spatz denken sich jeweils etwas Ungewöhnliches aus, und wenn sie es vorgezeigt haben, klatschen die andern «in Pfoten, Fühler, Schwimmhäute und Flügel». Die Maus taucht durch den ganzen Teich, was der Frosch eher enttäuschend findet, weil er dies ja täglich öfters tut. Doch auch er gratuliert ihr schliesslich zu ihrem Mut. Ähnlich geht es dem Frosch und der Schnecke, deren Mutproben die andern zuerst auch nicht besonders überzeugend finden. Als Letzter ist der Spatz an der Reihe, der sich ziemlich ziert und windet ... bis er schliesslich sagt: «*Nun, also, ich mach ... ich mach nicht mit.*» Konsterniert (herrlich gezeichnet!!) sehen ihn die andern drei an, bis sie verstehen: «*Ja, das ist Mut!*»

**Als Grundfrage bot sich auch hier wieder eine doppelte an:**
**1. Was ist wirklich mutig?**
(beschreibende Begriffsarbeit)
**2. Und wie wichtig ist es eigentlich, mutig zu sein?** (begründete Bewertungen)

Beim Erzählen flocht die Lehrerin da und dort ein paar Fragen ein, die sich auf die Geschichte bezogen, und zugleich bot sie den Kindern Gelegenheiten, eigene Erfahrungen mit Mutproben zu erzählen. Bevor der Spatz seine Entscheidung mitteilt, liess sie die Kinder raten, was er wohl als Mutprobe unternehmen würde, und beim Bild seiner konsternierten Freunde diskutierten sie, ob dies nun mutig gewesen sei und weshalb (nicht). Beim Schlussbild mit dem Jubel der Freunde stellte sie die erste der beiden Grundfragen und begann das eigentliche Philosophieren mit der analytischen und beschreibenden *Begriffsarbeit*.

## Was genau ist Mut?

In der Kreismitte lagen dafür die Werkzeuge W (Was ist gemeint mit …) und B/GB (Beispiele und Gegenbeispiele) bereit. Zwei zusätzliche Karten für Ä (Was ist ähnlich?) und V (Was ist verschieden?) sind für Begriffsklärungen ebenfalls hilfreich.

Im Sitzkreis machte der Ball einmal die Runde, so dass jedes Kind die Gelegenheit hatte, seine – vorläufige – Meinung zur mutigen Tat von einem der Tiere – oder der Kinder – kundzutun:

*Für mich war der Spatz mutig, weil er …*
*Die Schnecke finde ich nicht mutig, weil …*
*Ich finde, Marco war mutig, als er …*

Danach stellte die Lehrerin die eine oder andere ihrer vorbereiteten Fragen. Wenn das Gespräch sich nicht selbstständig weiterentwickelte, hakte sie da und dort nach oder forderte mehr Genauigkeit einer Aussage. Sobald Meinungen über den Wert des Mutes aufkamen, legte sie auch die Werkzeuge G (Begründe!) und S (Stimmt das?) in die Kreismitte.

Folgende **Hebammenfragen** hatte sie sich zur ersten Grundfrage überlegt und für die Neunjährigen **kindgerecht und einladend** so formuliert:

- Wir haben viele Beispiele von Mut gehört: Den Teich durchschwimmen, eine ganze Seerose verspeisen, sogar das Nicht-Mitmachen wurde mutig genannt. Wie können so verschiedene Dinge alle mutig sein? *(Dabei hob die Lehrerin die Karten Ä und V in die Höhe.)*
- Was gehört für euch auch noch zum Mut? *(immer mehrere Antworten abwarten)*
- Welche Eigenschaften hat ein mutiger Mensch sonst noch? *(vertiefen)*
- Als die Schnecke als Mutprobe vorschlug, ganz aus ihrem Haus und rundherum zu kriechen, fand der Spatz dies überhaupt nicht mutig. Wisst ihr noch, was er sagte? *(«Ich habe meine Eierschale schon am ersten Tag abgestreift und bin seither nie mehr hineingekrochen!»)* Und was denkt ihr? Ist das mutig oder nicht? Warum?
- Worauf kommt es denn an, ob etwas mutig ist oder nicht? Worauf auch noch?
- Wäre es für alle mutig, durch den Teich zu schwimmen? Weshalb nicht?
  *(Bei Ja/Nein-Fragen müssen wir mit einer knappen Antwort rechnen, deshalb lohnt es sich, Folgefragen bereitzuhalten. Doch Achtung: Auf ein simples «Warum?» könnte dann ein ebenso simples «Einfach so» folgen!)*
- Wem fällt ein Beispiel (aus unserer Klasse) ein, wo ein Kind etwas mutig fand, und wo ein anderes dasselbe gar nicht mutig nennen würde?
- Warum brauchte der Spatz eigentlich so lange für seine Entscheidung?
- Was vermutet ihr: Was ist ihm wohl durch den Kopf gegangen? Was auch noch? *(Sollten etwas ungeübte oder denkbequeme Kinder mit «Weiss nicht» antworten, hilft es manchmal, die Fragen in der Möglichkeitsform zu formulieren: «Was könnte ihm vielleicht durch den Kopf gegangen sein?»)*
- Wem von euch ist es schon einmal so ähnlich ergangen wie dem Spatz? Erzählt!
- Was habt ihr dabei gespürt? Was noch? Und wie war das genau?
- Welche Gefühle fallen euch ein, die man

auch noch spürt, wenn man mutig ist oder war? Denkt an ein Beispiel, das ihr selber erlebt habt!

- Was ist eigentlich das Gegenteil von Mut? Feigheit? Übermut? Mutlosigkeit? Angst? Wie unterscheiden sich diese voneinander?
- Was denkt ihr, könnte es Mut geben ganz ohne Angst? Warum (nicht)?

Bis hierhin drehte sich das ganze Gespräch um ein zunehmendes Verständnis des Phänomens «Mut»: Wovon hängt es ab, ob eine Tat mutig genannt werden kann, welche Gedanken und Gefühle gehören dazu, was läuft in uns ab, wenn es zur mutigen Tat kommt?

**Ob und wann Mut *wichtig* ist,** wie viel Mut guttut und wie er sich in Übermut oder Tollkühnheit verwandeln kann …, mit solchen Fragen führte die Lehrerin das **Gespräch zur zweiten Grundfrage** weiter. Jetzt sollten sich die Kinder eine Meinung darüber bilden, welchen Wert oder Sinn der Mut haben kann.

Mit ähnlichen Fragen – und sogar demselben Bilderbuch! – konfrontierte ich kurz danach zwei elfjährige Jungs. Natürlich sagte ich ihnen, dass die Geschichte ja eigentlich für kleinere Kinder gedacht sei, aber wenn sie Lust hätten, sie anzuschauen, könnten wir danach ein wenig darüber philosophieren. Und sie hatten Lust und fanden die Bilder total «cool».

**Hier ein paar Erkenntnisse von Elfjährigen zu Mut und Angst:**

Was also ist Mut und wann findet ihr es gut, Nein zu sagen?

- *Mut ist etwas, das man bei einem grösseren Risiko braucht.*
- *Wenn man eine Hemmschwelle überwindet, die Angst überwindet. Zum Beispiel Nein sagen, das ist auch Mut.*
- *Wenn in der Klasse gekifft wird und alle sagen: «Komm, mach auch mit», dann weiss man, dass man zum Aussenseiter wird, wenn man Nein sagt. Dazu braucht es sehr viel Mut, weil die ganze Gruppe mitmacht!*
- *Manche machen wegen dem Gruppendruck mit, weil sie den Mut nicht haben, Nein zu sagen.*
- *Überhaupt bei allem, was die Gesundheit schädigt, sollte man besser Nein sagen.*
- *Aber manche wollen unbedingt dabei sein, wollen cool sein und machen dann jeden Blödsinn mit.*
- *Mutproben, die dir schaden, sind einfach doof.*

Auf meine Frage, ob sie denn nicht «cool» sein wollten, meinte der eine von den beiden:

- *Doch, natürlich, aber ich finde es viel cooler, eine eigene Meinung zu haben, sonst wäre man ja nicht mehr eigenständig, man hätte keine eigene Meinung mehr.*

**Gefühle besser zu verstehen, und zwar sowohl die eigenen wie die von Mitmenschen und Tieren, macht uns zu emotional und sozial reiferen Menschen. Wir fördern durch das Philosophieren die Selbstkompetenz und Empathie der Kinder, und beides ist eine wichtige Voraussetzung für sozialkompetentes Verhalten.**

## Wie ist das eigentlich genau mit der Wut?

Wie viele Menschen sind doch davon überzeugt, dass sie «nichts dafür können», wenn sie in der Wut einen Schaden anrichten: «Wenn mich die Wut packt, wenn sie mich überkommt, bin ich machtlos!» Stimmt das wirklich? Sind wir der Wut dann wirklich hilflos ausgeliefert? Vielleicht haben wir nur noch nie gemerkt, dass wir zumindest die Chance hätten, mitzubestimmen, was die Wut darf oder eben nicht darf?

Das beste Kinderbuch, das mir in den letzten Jahren dazu in die Hände gekommen ist, heisst **Robbi regt sich auf** von **Mireille d'Allancé** (Moritz Verlag 2000).

Es handelt von einem kleinen Buben, der einen schlechten Tag hatte und deshalb gleich auch noch seinen Vater «anmotzt». So wird der Kleine in sein Zimmer geschickt, um sich abzuregen, doch dort steigt etwas in ihm hoch ... und steigt ... und steigt ..., und sein Gesicht wird immer röter. Schliesslich bricht ein riesiges rotes Ding aus ihm heraus, das den erstaunten Buben begrüsst und ihn fragt: *«Was machen wir jetzt?» «A ... a ... alles, was du willst»*, sagt Robbi. Als das rote Ding dann aber sein Lieblingsspielzeug genauso herumschmeisst wie alles andere, fängt Robbi an, die Regie zu übernehmen.

Diese Geschichte würde ich sogar Jugendlichen vorsetzen, aber natürlich mit dem «Vorwort», dass mir bewusst sei, für welches Alter das Buch eigentlich gedacht ist. Die Thematik hingegen betreffe vermutlich uns alle, und ob sie Lust hätten, wieder einmal ein Bilderbuch zu geniessen?

**Die Grundfrage könnte – selbst für grosse Leute! – zum Beispiel so lauten:**

**Was darf die Wut und was darf sie nicht? Wie kann man sie steuern?**

Dieses Bild (samt Text) ist ein guter Ausgangspunkt für das Gespräch: Darf die Wut wirklich alles machen, was sie will?

Wieder benutzen wir die **Hebammenkunst.** Mittels gezielter Fragen richten wir den Fokus der Untersuchung auf Aspekte wie zum Beispiel:

- Was könnte einen denn alles wütend machen? *(Ursachen finden)*
- Welche Unterschiede findet ihr zwischen Wut, Zorn und Ärger? *(Differenzierung)*
- Was ist bei den dreien ähnlich? *(Begriffsarbeit)*
- Wohin mit dieser Energie? Wie könnte man die Wut loswerden? *(Handlungsalternativen bedenken)*

Und schliesslich stellen wir auch Fragen zu bewertenden Aspekten:

- Darf man denn überhaupt wütend sein? Wie schon, wie aber besser nicht? Weshalb?
- Wer ist schuld daran, wenn man wütend wird? Stimmt das wirklich?
- Wann lohnt es sich, wütend zu werden, wann eigentlich eher nicht? Warum?
- Was könnte an der Wut vielleicht sogar gut sein? Wieso?
- Wie könnte man sie ausleben, ohne dass es einem hinterher leidtun muss?

Mehr über **das methodische Vorgehen mit Achtjährigen** und ausführliche Kinder-Antworten zu einer ganzen Lektionsreihe über die Wut sind in meinem Buch «Philosophische Reise» (Orell Füssli 2006) nachzulesen:

Das Philosophieren über die Zusammenhänge zwischen Denken und Fühlen hat man in der «Big P-Philosophie» lange vernachlässigt. Seit **Daniel Goleman** aber mit seinem Buch **EQ – Emotionale Intelligenz** (Hanser Verlag 1995) diese Zusammenhäge anhand der Hirnphysiologie einem breiten Publikum bekannt gemacht hat, wurden die Emotionen zu einem bedeutenden Thema des Nachdenkens, und dies nicht nur beim Philosophieren mit Kindern. Im Verbund mit Psychologie und Pädagogik hatte Goleman damals Programme zur Förderung des kompetenten Umgangs mit Wut und Aggressionen entwickelt und diese unter anderem in gewaltgefährdeten Schulen amerikanischer Städte angewendet. Man erhoffte sich davon Verhaltensänderungen, die auch tatsächlich eintrafen. Durch begleitende Gespräche über die Zorn-Ausbrüche konnten Probleme und Sinnkrisen der Jugendlichen aufgedeckt und sogar vermindert werden.

Heute ist die Hirnforschung intensiv am Weitersuchen, um besser zu verstehen, wie es um unsere Willens- und Entscheidungsfreiheit – auch in Bezug auf die Wut – steht.

**Einige «Erhellungen», die in einer zweiten Grundschulklasse herauskamen:**

- *Man kann nicht immer jemand anderem die Schuld geben und sagen: Du hast mich wütend gemacht. Man muss sich ja nicht wegen allem gleich wütend machen lassen!*
- *Nicht jeder wird wütend, wenn er im Spiel verliert Offenbar hat es mit einem selbst zu tun, ob man zu den Wütenden gehört oder nicht.*
- *Man kann auch ganz alleine wütend werden, zum Beispiel, wenn einem eine Aufgabe nicht so gelingen will, wie man das möchte.*
- *«Wenn ich wütend bin, spüre ich meinen Körper ganz stark, sonst spüre ich ihn eigentlich kaum», sagte ein Mädchen.*
- *«Wenn man fast platzt vor Wut, könnte man in Stofftiere beissen», fantasierte ein Junge, der zuvor erzählt hatte, dass er einmal so in Rage geraten war, dass er seinen Hund getreten habe.*

# 6. Moralische Erziehung «auf Philosophisch»

## Wie sollen wir leben? Wer bestimmt, was gut ist?

Wer und wie bin ich? Was fühle ich und was will ich? Was kann ich und wie komme ich damit in der Schule zurecht? Wie soll ich mich verhalten? Wer sagt mir, wos langgeht? Es sind zahlreiche Fragen, mit denen sich Schulkinder befassen müssen, weil sie sich nun in etwas grösseren Gemeinschaften bewegen. Sie erleben, dass nicht überall dieselben Regeln gelten wie in ihrer eigenen Familie. Sie erfahren Bewertungen und leider oft auch Abwertungen durch andere Kinder oder sogar durch Lehrpersonen. Sie treffen auf Menschen anderer Länder und anderer Sitten, die vielleicht eine andere Sprache sprechen oder einen ungewohnten Umgangston haben. Oft müssen sie auch mit Kameraden auskommen lernen, die «alles dürfen», was in der eigenen Familie nicht gestattet wäre. Deshalb sind Eltern und Lehrpersonen vermehrt gefordert, mit den Kindern auch über Normen und Fragen des täglichen Umgangs miteinander nachzudenken.

Früher ging man davon aus, dass die Erwachsenen den Kindern alle für das friedliche Zusammenleben nötigen Regeln, Verbote und Gebote vorgeben müssten, nach denen sie sich dann nur noch zu richten hätten. Man lehrte Kinder «mores», die Sitten, den Anstand, was «sich gehörte» oder vor allem eben auch was sich nicht gehörte. Man drohte mit Strafen und wendete diese oft auch «handfest» an – und heute? Die Körperstrafen sind verboten, und oft scheinen Kinder wenig bis gar keinen Sinn für Anstand und Rücksicht zu haben. Man hört von zunehmender Jugendgewalt und führt diese auf fehlende Grenzen, auf Langeweile, Desorientierung und Gefühle von Sinnlosigkeit zurück. Zeitlich dazwischen liegen die Jahrzehnte der Reformpädagogik, die sich darum bemühte, Kinder als eigenständige, vernünftige Personen ernst zu nehmen. Sie bewirkte mit ihrem aufklärerischen Ansatz unter anderem, dass die Schulen neben den üblichen Sachkompetenzen auch die Selbst- und die Sozialkompetenz in ihre Lehrplanziele aufnahmen. Doch wurden nicht alle Anliegen der Reformpädagogik in ihrem ursprünglichen Sinne verstanden und umgesetzt. Projekte wie zum Beispiel Alexander S. Neills revolutionäre «antiautoritäre» Summerhill-Schule in England wurden verwechselt mit einer Antipädagogik im Laisser-faire-Stil. Während die Kinder durch die souveräne, starke Persönlichkeit des Professors eine natürliche Autorität erlebten, die ihnen zutraute, selbstverantwortlich zu werden, verzichteten damals viele Eltern auf jegliche Leitplanken, an denen sich die Kinder hätten orientieren können. Später folgte dann prompt der Ruf nach neuen Grenzen – nur: Wer sollte diese setzen?

In den Grundschulen hört man oft die Klage, dass heutige Kinder zu Hause kaum mehr Umgangsregeln lernen würden; umgekehrt sind viele Familien der Meinung, dass die Schule dafür zuständig sei. Natürlich haben beide Seiten insofern Recht, als Schule und Eltern gemeinsam dafür verantwortlich sind, dass die Kinder ihren Weg zu einem glücklichen Leben in einer zunehmend komplexeren Gesellschaft finden können.

Aber nicht nur die Erwachsenen, sondern auch die betroffenen Kinder selber sollen Mitsprache üben dürfen und können teilhaben an der Ausformung des Gemeinschaftslebens und dessen Regeln. Dies geht aber nur, wenn das Machtgefälle zwischen Kindern und Erwachsenen abgebaut wird zugunsten eines **«herrschaftsfreien Diskurses»**, wie ihn der Philosoph und Soziologe **Jürgen Habermas** (*1929) mehrfach beschrieben hat. Dessen wesentliche Voraussetzung ist die Bereitschaft aller, das bessere Argument anzuerkennen und zu kooperieren, um sich gemeinsam einem Konsens zu nähern, dem alle Beteiligten zustimmen können.

Genau dazu bietet sich nun das Philosophieren im Schulalltag oder zu Hause an: Immer wieder sollten wir Gelegenheiten finden oder schaffen, um mit den Kindern über Wertvorstellungen und Moral nachzudenken. Dabei nehmen wir ihre Meinungen ernst, sorgen aber auch dafür, dass diese begründet werden. Gemeinsam mit den Kindern hinterfragen wir uns kritisch und überlegen, ob wir wirklich schon alle wichtigen Faktoren bedacht haben. Wir denken einem Thema entlang weiter, spüren Unlogisches dabei auf und sortieren es aus. Wir suchen den Konsens, vermeiden jedoch faule Kompromisse genauso wie den ethischen Relativismus ( «anything goes» oder «für mich stimmt das eben so»). All dies gehört zu einer Werte-Erziehung und zu einem Schulunterricht, der Kindern begründete, tragende, eigene Meinungen zutraut und bereit ist, das stärkere Argument gelten zu lassen. Das Zusammenleben wird dennoch kaum je ohne Konflikte ablaufen, und sicher werden wir Erwachsenen uns manchmal auch ohne lange Dispute einfach durchsetzen müssen. Doch hat dies kraft unserer natürlichen Autorität und nicht mit Gewalt zu geschehen. Im Idealfall billigen die Kinder ihren Lehrpersonen und Eltern auch zu, manchmal die besseren Gründe oder einen nicht abzustreitenden Wissensvorsprung zu haben. Das wird sie jedoch nicht daran hindern, es öfter mal auf ein Kräftemessen mit ihren Bezugspersonen ankommen zu lassen. Vergessen wir nicht, dass der Idealfall das (Fern-)Ziel darstellt, zu dem hin wir die Jungmannschaft begleiten wollen. Pannen auf dem Weg dahin sind normal, und unsere Beharrlichkeit, Zuwendung und Geduld sind trotzdem gefordert. Einweg-Moralpredigten sollten durch partnerschaftliche Gespräche ersetzt werden, und selbst über logische und sinnvolle Konsequenzen bei allfälligem Fehlverhalten können wir Kindern angemessene Mitsprache gewähren. Es kommt allerdings vor, dass die Jungethikerinnen und -ethiker dann viel drastischere Massnahmen ins Auge fassen, als es sich moderne Erziehende je erlauben würden. Selbst um «vernünftige» Strafen zu finden, braucht es eben etwas Übung!

## Warum muss ich eigentlich immer ...? Warum soll man nicht ...?

Täglich sind Unmengen von Entscheidungen fällig, grosse und kleine Ja oder Nein: Ja, das mach ich; nein, das will ich nicht! Ja, gern! Nein, danke! Oft merken wir nicht einmal, dass wir uns entschieden haben, weil zum Glück auch vieles automatisiert abläuft: Der Wecker schrillt, ich stehe auf, das Telefon klingelt, ich nehme es ab ... Eher selten überlege ich davor noch lange: Soll ich oder soll ich nicht? Was aber, wenn es um wichtigere Entscheidungen geht? Soll ich (als Kind) die Hausaufgaben erledigen oder lass ich es bleiben? Soll ich sie von jemandem abschreiben? Heute könnte ich doch mal Bauchweh vortäuschen und die Schule schwänzen? Kann ich meiner Freundin ein Geheimnis anvertrauen oder sollte ich misstrauisch sein? Kann ich es wagen, mir mal das Moped meines grossen Bruders «auszuleihen» ...? Was soll später aus mir werden? Wie soll mein Leben aussehen?

Wo Entscheidungen – bewusst oder unbewusst – fallen, sind immer auch Gefühle und Werte im Spiel. Alles strebe zum Guten, war Aristoteles überzeugt. Aber was ist dieses Gute? Wer bestimmt es? Wie kann man es herausfinden? Manchmal ist das Gute eine einfache Geschmacksfrage, und darüber lässt sich bekanntlich nicht streiten. Ob mir Rot oder Blau besser gefällt, muss ich nicht lange überlegen. Wenn es sich aber um den Kauf eines Kleidungsstücks handelt, reicht der Geschmack allein nicht mehr aus. Vielleicht ist der Kauf für mich dann sinnvoll, wenn das Kleid von «guter» Qualität ist, manchmal aber ist es mir wichtiger, dass es günstig ist. Immerhin gäbe es hier über den Geschmack hinaus auch ein paar objektive, praktische Kriterien: Habe ich wenig Geld, wäre das günstigere Kleid vielleicht gut, ausser die Qualität wäre so schlecht, dass ich demnächst wieder ein neues brauchen würde. So müssten also bereits mehrere konkurrierende Werte die Entscheidung mit beeinflussen. Wenn ich aber beim Kleiderkauf den fairen Handel berücksichtigen will, käme noch ein moralischer Wert zum ökonomischen, zum praktischen und zum Geschmackswert hinzu. Ein Wunder, dass wir überhaupt jemals zu einer Entscheidung finden! «Für mich stimmt es so» reicht nicht als Kriterium für Entscheidungen, von denen auch andere Menschen, Tiere, Um- und Mitwelt betroffen sind. Dann gilt es, gründlich nachzudenken, die Vor- und Nachteile abzuwägen, sich der involvierten Werte bewusst zu werden.

**Spätestens ab etwa zehn Jahren** können und sollten Kinder mit uns über solche Fragen philosophieren. Wir unterstützen sie dabei, indem wir sie auffordern, anhand ihrer eigenen Erfahrungen und Beispiele zu überlegen, was bei uns alles abläuft, wenn wir vor einer Entscheidung stehen. Hierbei spielt der Verstand («Kopf») die Hauptrolle, aber ohne die «Vernunft des Herzens» (Blaise Pascal, Mathematiker und Philosoph des 17. Jahrhunderts) könnte er sie wohl schlecht spielen. Den Beitrag der Gefühle bei wichtigen Entscheidungen hat man in der Philosophie allerdings wenig diskutiert, obwohl Max Scheler, der wohl bekannteste Anthropologe und Werte-Philosoph des 20. Jahrhunderts, davon sprach, dass wir so etwas wie ein Wert-Fühl-Organ hätten: Mit den Augen können wir sehen, mit der Nase riechen und mit diesem «Organ» eben die Werte fühlen, und zudem würde uns dieses Organ auch sagen, welche Werte höherrangig, welche weniger wichtig seien. Wie wir dieses Organ bei Kindern stärken oder gar nicht erst verkümmern lassen, habe ich in den Kapiteln 4 und 5 zu zeigen versucht.

**Viele der Warum-Fragen von Kindern im Schulalter zielen auf Entscheidungen,** die wir Erwachsenen für sie zu treffen pflegen. Die Kinder stellen damit unsere Regeln infrage, weil sie ihnen nicht so recht gefallen wollen: «Warum muss ich immer zuerst die Hausaufgaben machen? Das kann ich doch auch noch abends, wenn die Sonne untergegangen ist!» «Warum darf der ältere Bruder länger am Computer sitzen als ich?» «Warum muss eigentlich immer ich den Tisch abräumen?» Oft führen solche Fragen zu endlosen Diskussionen oder sogar zum Streit, wenn es beiden Seiten vor allem darum geht sich durchzusetzen, und dabei die Wut aufkommt.

Eine Alternative dazu wäre, sich bei den ständig wiederkehrenden Problemen einmal die Zeit zu nehmen, um genauer hinzusehen: Welche Gefühle stecken dahinter? Welche Werte werden bedroht? Warum will denn keiner nachgeben? Und wenn die schlimmsten Wogen geglättet sind, liesse sich auch ohne Streit einmal ganz prinzipiell über allerlei Regeln philosophieren:

- Was ist eigentlich eine Regel ganz genau?
- Wer bestimmt sie und mit welchem Recht?
- Muss man wirklich alle Regeln befolgen? Warum denn?
- Welche Regeln brauchen wir eigentlich wirklich? Weshalb und wozu?
- Wann und weshalb sollten Regeln verändert werden?
- Wem sollte man gehorchen? Wem, wann und weshalb vielleicht besser nicht?

Bestimmt ist Ihnen nicht entgangen, dass es bei so wichtigen Fragen nicht reicht, nur die Kinder philosophieren zu lassen. Selber denken ist auch von uns Erwachsenen gefordert, besonders wenn es um irgendwelche Vorschriften oder Gesetze geht, die wir nicht selber mitbestimmt haben. Das folgende Beispiel wirft brisante Fragen für fast alle Altersstufen auf (obwohl es mit einer Geschichte für Vorschulkinder eingeleitet wird).

**Philosophieren über Gehorsam mit einem weiteren Bilderbuch von Stephan Brülhart: Leopold und der Fremde**

(Neuauflage bei Atlantis 2009). Hier einige Tipps dazu für verschiedene Altersstufen.

Der kleine Leopard Leopold wohnt auf einem bewaldeten Hügel und spielt gern mit seinem blauen Ball. Seine Mama warnt ihn: *«Spiel niemals mit deinem Ball unten am Wasser! Dort wohnen Fremde, und da weiss man ja nie ...»* Konrad Krokodil mit dem roten Ball hört dasselbe von seiner Mama. Doch eines Tages rollt Leopolds Ball zum Wasser hinunter ...

Bald spielen die beiden Kinder heimlich Nacht für Nacht zusammen, bis sie im Dunkeln einmal die Bälle vertauschen. So erfahren die Mütter von der Missachtung ihres Gebots. Die Kinder jedoch überzeugen sie, dass diese Fremden gar nicht böse seien, und so gibt es schliesslich ein Happy End beim gemeinsamen Picknick am Strand.

Natürlich zielt die Geschichte in erster Linie auf den **Umgang mit Fremden**. Schon im **Kindergarten** müssen die Vierjährigen leider lernen, dass sie nicht mit jedem Fremden mitgehen dürfen, selbst wenn dieser sehr nett scheint. Aber sind wirklich alle Fremden gefährlich? Muss man sich vor allen hüten? Und wie können Kinder unterscheiden, ob sie einem Fremden trauen sollen oder nicht? Reicht die Regel, dass man nicht mit Fremden mitgehen soll? An wen soll sich ein Kind wenden, um Hilfe zu bekommen? Wen soll es ansprechen? Darf es das überhaupt?

Um den Kindern nicht alle Denkarbeit abzunehmen, sollten Eltern zur Prävention mit ihren Vorschulkindern bestimmte Situationen besprechen, zum Beispiel vor dem gemeinsamen Besuch eines Volksfestes, bei dem viele Buden und andere Attraktionen die Aufmerksamkeit fesseln, oder wenn ein Einkauf in einem übervollen Kaufhaus bevorsteht. Fragen Sie also das Kind, was es denke, zu wem es gehen sollte, und erweitern Sie das ursprüngliche Gebot um zwei bis drei gute Ideen: «Bitte ein anderes Mami, das Kinder dabei hat, um Hilfe oder wende dich an eine Verkäuferin, oder ...» Wenn Sie ein Bild oder ein ganzes Bilderbuch finden, wo das Kind auf die Personen zeigen kann, die es ansprechen könnte, überlegen Sie mit dem Kind, weshalb diese oder jener eher mehr Sicherheit und Hilfe verspräche als irgendeine andere fremde Person. Mit so einem Gespräch ist ein Kind besser gewappnet für eine sinnvolle Entscheidung für den Fall, dass es einmal «verloren» gehen sollte und plötzlich zwischen lauter «Fremden» verzweifelt nach seinen Eltern Ausschau hält. Auch ein Vierjähriges kann sich diese Situation gut vorstellen.

In Brülharts Bilderbuch nehmen die Kinder die Sache mit dem Fremden ohne solche Vorbereitung selbst in die Hand und entscheiden sich aufgrund einiger Überlegungen, die Warnung der Mütter zu missachten. Da der Fremde in der Geschichte auch ein Kind ist, waren die durch Vorurteile befürchteten Gefahren zwar klein, dennoch hätten die heimlichen nächtlichen Treffen schlimm ausgehen können. Deshalb ist es besser, über den Sinn von Verboten oder Vorschriften mit den Kindern zu sprechen, bevor sie in eine Situation kommen, wo sie Gelegenheit haben, ungehorsam – oder *zu* gehorsam! – zu sein.

Kaum daheim, denkt Leopold:
«Sehr böse hat der Fremde eigentlich
nicht ausgesehen ...»

«Und einen Ball hat er auch ...»,
überlegt sich Konrad zur gleichen Zeit.

**Grundfragen (nicht nur für Kinder):**
**Ist Gehorsam immer gut?**
**Wann muss man unbedingt gehorchen?**
**Wem und warum vielleicht besser nicht?**
Dies sind für mich die besonders spannenden Fragen zu Brülharts Bilderbuch. Ein philosophisches Gespräch darüber habe ich schon **mit einer 3. Klasse und sogar mit Zwölfjährigen** im Unterricht geführt. Doch vorgängig sagte ich den älteren Schülerinnen und Schülern, dass ich schon wüsste, dass das Buch nicht für sie gedacht sei. Es hätte aber ein Thema drin, das selbst für Erwachsene ganz wichtig sei, und ob sie – als dafür eigentlich schon zu grosse Kinder – Lust hätten, die Geschichte anzusehen. Diese Vorbemerkung hat mir schon manche Tür zu spannenden Gesprächen geöffnet.

Leopold und Konrad – zwei Kinder, die sich Gedanken machen! – stehen vor dem Problem des Ungehorsams, als Leopolds Ball zum Fluss hinunterrollt. Dort gibt es so seltsame Fremde, *«und da weiss man ja nie ...»* Mama hat es verboten, mit dem Fremden zu spielen! Aber Leopold will doch seinen Ball wiederhaben! Auch Konrad macht sich am Fluss unten Gedanken: Was wird da wohl für ein Monster aus dem Wald kommen?

An dieser Stelle können wir Kinder bitten, uns ihre Meinungen zu sagen: Soll Leopold den Ball holen? Warum? Weshalb nicht? Was könnte er sonst noch tun? Was würdet ihr an seiner Stelle tun?

Leopold entschliesst sich, hinunterzulaufen, und wie er seinen blauen Ball packt, steht ihm Konrad gegenüber, der seinen roten Ball ebenfalls in Sicherheit bringen will. *«Einen Augenblick lang schauen sich beide in die Augen, und dann ...» «... dann rennt jeder nach Hause, so schnell er kann.» «Kaum daheim, denkt Leopold: ‹Sehr böse hat der Fremde eigentlich nicht ausgesehen ...› ‹Und einen Ball hat er auch ...›, überlegt sich Konrad zur gleichen Zeit.»* (Das ist es, was mir an Brülharts Büchern so gut gefällt: Er traut den Kindern zu, dass sie überlegen und nachdenken können!)

Was die beiden Tiere vielleicht sonst noch denken, lassen wir deshalb hier unsere kleinen Philosophinnen und Philosophen vermuten.

Ein paar Seiten später fragen wir sie, was sie von der Entscheidung halten, nachts im Wald zu spielen. Was könnte denn da alles geschehen?

Einen weiteren Zwischenhalt legen wir ein, wenn Leopold und Konrad ihren Müttern erklären sollen, wo sie den falschen Ball herhaben. Diese Szene eignet sich auch zum Vorspielen, und um dabei zusätzliche Argumente zu suchen, welche die Mütter besänftigen und zugleich auf die Fremden neugierig machen könnten. Den beiden Tierkindern gelingt dies so gut, dass die Geschichte mit einem fröhlichen Picknick am Strand endet, wo die Familien sogar Freundschaft schliessen. Ein «Happy End» trotz Ungehorsam?

Zum **Thema Gehorsamkeit** in der Geschichte von Leopold und Konrad könnte ein Gespräch mit einer Gruppe von jüngeren Schulkindern etwa so ablaufen *(kursiv die zu erwartenden Antworten der Kinder)*.

Wir bleiben zu Beginn an den konkreten **Beispielen der Geschichte:**

- Was haltet ihr von Leopolds Idee, nachts mit Konrad Ball zu spielen? – *Das war nicht gut, sie hätten das nicht machen dürfen.*
- Weshalb findet ihr das nicht gut? Sie haben doch Spass! – *Es könnte einen Unfall geben. Oder sie finden die Bälle nicht mehr im Dunkeln.*
- Wem fällt noch ein weiterer Grund ein? – *Die Mütter hatten es doch verboten.*
- Warum haben sie es denn trotz Verbot getan? – *Weil sie spielen wollten. Oder weil sie den andern kennenlernen wollten. Weil es die Mütter ja nicht merkten ...*
- Wer findet das schlimm? Wer nicht so? Weshalb (nicht)?

Danach rufen wir mit weiteren Fragen eigene **Erfahrungen** der Kinder ab, und da inzwischen hoffentlich allen klar ist, dass beim Philosophieren niemand Angst zu haben braucht, seine Erfahrungen preiszugeben, fällt es dank der Geschichte jetzt leichter, persönliche Aussagen zu machen:

- Wenn der Fremde nun nicht ein Kind mit Ball gewesen wäre, sondern ein Erwachsener, der Leopold versprochen hätte, mit ihm im Wald oben Ball zu spielen? Hättet ihr als Leopold dann auch nicht gehorcht? Warum nicht?
- Wer von euch war denn auch schon mal ungehorsam? Mögt ihr es uns erzählen?
- Wie denkt ihr über diese Beispiele? War das schlimm oder nicht so sehr?
- Warum denn? Was war denn das Schlimme daran?
- Wie könnte man das auch noch sehen?

Eine weitere Gruppe von Fragen wendet sich der **Verallgemeinerung** zu. Diese ist für Achtjährige, die noch stärker an konkreten Beispielen hängen, zwar manchmal etwas schwierig, aber der Versuch lohnt sich auch da schon!

- Warum ist die Geschichte eigentlich gut ausgegangen? Vielleicht, weil die Kinder nicht gehorcht haben?
- Hätten die Familien Leopard und Krokodil sich denn auch befreundet ohne die verbotenen nächtlichen Treffen der Kinder?
- Was wären vielleicht bessere Wege gewesen, die Fremden kennenzulernen?
- Ist es eigentlich *immer* falsch, wenn man nicht gehorcht? Warum?
- Wann findet ihr es wichtig zu gehorchen? Weshalb?
- Wann könnte Gehorsam vielleicht falsch sein? Wieso?
- Welche Vorschriften würdet ihr absichtlich missachten? Wieso?
- Wie weiss man eigentlich, ob man gehorchen soll oder besser nicht?
- Wem sollte man unbedingt gehorchen? Warum denn? Wem vielleicht nicht?
- Können wir vielleicht eine Regel dafür finden? Zum Beispiel so:

**Man soll unbedingt gehorchen, wenn ...**
**Es wäre falsch zu gehorchen, wenn ...**

Wenn man das Buch zum **Thema Vorurteile gegenüber Fremden** nutzen will, würde man auch Erfahrungen der Kinder mit Fremden sammeln:

- Wie habt ihr fremde Familien oder ein Kind, das neu hierher gezogen ist, kennengelernt?
- Wie könnte man solchen Leuten helfen, uns kennenzulernen?
- Warum ist das wichtig?
- Was geschieht, wenn man sich immer vor den Fremden hütet?
- Was ist schön daran, wenn man sich annähert?
- Was könnte daran vielleicht auch schwierig sein? Warum?
- Was ist eigentlich anders bei Fremden?
- Und was ist ganz ähnlich wie bei uns?
  Ist das bei allen gleich? Warum wohl nicht?

Anhand solcher Erfahrungen könnte das Gespräch **mit Kindern ab etwa zehn Jahren** nun weiterführen zum **Thema Toleranz:**

- Wann ist es wichtig, tolerant zu sein?
- Muss man alles tolerieren? Warum vielleicht nicht?
- Wer bestimmt das? Mit welchem Recht?
- Und was ist Toleranz überhaupt genau?
- Was der Unterschied zwischen Toleranz und Gleichgültigkeit?
- Oder zwischen Toleranz und Akzeptanz?
- Was wäre, wenn wir alles und alle tolerieren würden?
- Wie viel Toleranz ist wichtig? Warum?

**In einer sechsten Klasse** habe ich einst mit dem Buch von Leopold ein Gespräch über das Gehorchen geführt. Elterliche Verbote manchmal zu missachten, ist ja wohl allen Kindern vertraut, und natürlich hätten die meisten Zwölfjährigen an Leopolds Stelle den Ball ohne langes Zögern geholt. Dies gab mir die Gelegenheit, gleich zu den allgemeineren Fragen überzugehen: Macht ihr das etwa mit allen Geboten so? Wann würdet ihr gehorchen? Wann eher nicht? Freimütig gab die Klasse Auskunft, so dass ich schliesslich etwas provokativ zusammenfasste: Also ist Gehorsam eigentlich überflüssig, oder? Das wurde natürlich verneint, aber im Anschluss fand eine sehr differenzierte Diskussion statt über berechtigte und unnötige Vorschriften sowie über die Selbstverantwortung, welche diese Kinder für sich beanspruchten.

Die politische Diskussion über Gehorsam ist in der Pädagogik insbesondere nach dem Zweiten Weltkrieg geführt worden, weil man dort die schwerwiegenden Folgen des sogenannten «Kadavergehorsams» erkennen musste. Aber selbst wenn die autoritäre Drill-Erziehung zum Glück weitgehend überholt ist, geht die Diskussion über den Sinn von Gehorsamkeit weiter.

Auf die antiautoritäre Bewegung, die – in der falschen Meinung, auf jede Autorität verzichten zu können – Kindern zu viele Freiheiten zumutete, folgte schliesslich der Versuch, partnerschaftlich mit Kindern umzugehen. Partner nehmen sich gegenseitig ernst und haben Vertrauen in- und zueinander: Eltern dürfen darauf vertrauen, dass ihre Kinder nebst vielen Flausen und Spässen auch eine ganz grosse Portion Vernunft in ihren Köpfen und Herzen haben. Kinder dürfen ihrerseits hoffentlich mit Recht annehmen, dass ihre Eltern und Lehrpersonen ihnen ein gutes Leben wünschen und dass Erwachsene sicherlich schon um einige Lebenserfahrungen und Weisheiten reicher sind und diese gern teilen. Aber natürlich sind solch tragende Beziehungen nicht umsonst zu haben. Das gegenseitige Vertrauen und Ernstnehmen braucht tägliche Pflege, und bestimmt wird manchmal auch ein Misserfolg einzustecken sein. Liebe, Humor, das Interesse aneinander, Zeit geben und sich nehmen, all dies sind die «Pflegemittel» und das Philosophieren – besonders mittels Caring Thinking – ein ideales Werkzeug dazu.

## «Kinder, hört auf zu streiten!»

*«Wir streiten gar nicht, wir kämpfen bloss!»* Kinder haben offenbar das Gefühl, dass die Erwachsenen den Streit ablehnen, während das Kämpfen eher akzeptiert ist. Stimmt das? Warum ist das so? Hat es vielleicht etwas mit der Art des Streitens zu tun? Wie unterscheidet sich denn ein Kräftemessen von gewalttätiger Rauferei? «Sprecht doch miteinander, anstatt mit Händen und Füssen zu streiten!», ist dann oft der nächste Vorschlag. Aber sind Wörter wirklich immer besser als eine handfeste Auseinandersetzung? All diese Fragen könnten Anlass zum Philosophieren geben – allerdings müssen dann auch wir Erwachsenen unsere Meinungen über Konflikte und den konstruktiven Umgang damit überprüfen! Und natürlich macht es – wie bei den philosophischen Gesprächen über die Gefühle – wenig Sinn, in einer akuten Situation mit dem Gespräch zu beginnen.

Worauf kommt es an, ob Sie sich als Eltern oder Lehrperson einmischen, wenn Kinder aufeinander losgehen? Wann sollen wir die Streithähne trennen, wozu soll es gut sein, einen Kampf zu unterbinden? Dies sind **Fragen der Pädagogik,** die sich wohl alle Bezugspersonen von Kindern ab und zu stellen. Die meisten Eltern, mit denen ich darüber gesprochen habe, nannten in erster Linie das Kräfteverhältnis: Wenn grössere Kinder mit kleineren raufen und dabei die Emotionen sehr hoch schwappen, kann es nötig werden, einzugreifen und «Stopp!» zu rufen. Es wäre aber unfair, wenn man dann automatisch die Schuld dem stärkeren Kind zuschieben würde, denn die Kleinen können oft ganz schön «fies» sein und solche «Schützenhilfe» ausnützen. Zudem ist Schimpfen oft weniger wirksam als ein empathisches Gespräch – nachdem die Emotionen etwas abgekühlt sind.

Zu Besuch bei einer jungen Mutter habe ich zum Beispiel die folgende kleine Szene mitbekommen: Während ich mit ihr über das Baby sprach, lehnte sich ihr knapp dreijähriges Mädchen über das Bettchen des kleinen Bruders und kniff diesen ganz unvermutet. Warum tat es so etwas «Böses»? Die einfache Erklärung war wohl, dass es Eifersucht empfand. «Lass das!», würden wir das Kind deshalb vielleicht gern streng zurechtweisen. Aber wird es die Eifersucht los, wenn man mit ihm nun schimpft? Die Theorie, die mir die Mutter damals erklärte, besagt, dass sie sich in so einem Fall nicht dem «bösen» Kind zuwenden, sondern die ganze Aufmerksamkeit dem weinenden Baby schenken solle, was sie denn auch tat. Wenn eine Mutter zugleich versteht, dass ihr grösseres Kind die «böse Tat» aus Sehnsucht nach der gleichen liebevollen Zuwendung, wie das Baby sie bekommt, getan hat, wird sie – mit etwas Abstand zum Vorfall – der Dreijährigen ihre Zuneigung vermehrt zeigen. Die Mutter kann bei der nächsten Gelegenheit ihr älteres Kind um Hilfe bitten, zum Beispiel wenn sie das Baby wickelt oder füttert. Die absichtlich betonte Anerkennung, die das Kind dadurch erfährt, wird es zu dem machen, was es eigentlich sein möchte: ein liebes Kind, das weiss, dass es der Mutter ganz wichtig ist, auch wenn das Baby gerade mal ihre Hilfe – und seine – benötigt.

Während die Frau mir dies alles erklärte, sah die Dreijährige ihre Mutter mit dem Baby in den Armen zuerst etwas erstaunt an. Dann ging die Kleine zu den beiden, schmiegte sich an die Mutter und ahmte sie nach, indem auch sie das Baby tröstend streichelte.

Mit etwas älteren Geschwistern kann das Philosophieren über das Kämpfen oder Streiten an die Stelle des psychologischen «Kniffs» der Mutter treten, was sich mit wiederholtem Üben als ebenso wirksam erweist. Auch in einer Schulklasse, wo gewalttätige Konflikte vorkommen, bewähren sich **philosophische Gespräche über faires Streiten**. Im Gegensatz zu lösungsorientierter Krisenintervention versuchen wir aber beim Philosophieren, *allgemeine Regeln* herauszuarbeiten, die danach für viele ähnliche Situationen gelten können. Da wir losgelöst von einer akuten Situation diskutieren und niemand dabei eine Schuld bekennen muss oder zugewiesen bekommt, wird echtes Caring Thinking, die Verbindung von klarem Denken und Empathie, möglich. Die Kinder lernen im philosophischen Gespräch und durch die Art, wie man diskutiert, dass man Konflikte auch konstruktiv angehen kann, anstatt den Emotionen unkontrolliert freien Lauf zu lassen. Sie entwickeln dabei ein besseres Verständnis der möglichen Ursachen und Folgen von Konflikten. **Durch das empathisch-fürsorgliche Denken wird ihre sozial-emotionale Kompetenz erweitert.**

Witzige Bilderbücher über das Streiten eignen sich als Einstieg gut – manchmal selbst für Zwölfjährige, wie bei Leopold –, da die Kinder sich zuerst über die Streithähne einer Geschichte amüsieren können, bevor es dann um ihr eigenes Handeln geht. Es können natürlich auch andere Geschichten oder persönliche Erlebnisse sein, wenn die Kinder bereit sind, sie als Beispiele für das Gespräch zur Verfügung zu stellen.

**Ein Unterrichtsprojekt zum Thema Streiten in drei Klassen: im Kindergarten, in einer 2. und in einer 4. Klasse**

Da das Streiten für alle Altersstufen von Bedeutung ist, widmeten drei Lehrerinnen dem Thema eine ganze Lektionsreihe über mehrere Tage hinweg. Drei Schwerpunkte wurden mit je einem Bilderbuch eingeleitet und ausführlich philosophisch bearbeitet:

1. **Woher kommt es, dass wir immer wieder streiten? Muss das sein?**
2. **Wie streiten wir?**
   **Was ist ein guter/ein schlechter Streit?**
3. **Wie könnte man einen Streit beenden?**
   **Wie «geht» Versöhnen?**

**1. Grundfrage: Warum streitet man eigentlich? Muss das sein?**

Das von **Käthi Bhend** mit naturalistischen Federzeichnungen spannend und genau illustrierte Bilderbuch mit witzigem Text von **Hanna Johansen: Die Ente und die Eule** wurde 2002 als Paperback von Ravensburger (neu) aufgelegt. Leider war es bald wieder vergriffen, es lohnt sich jedoch, in Bibliotheken danach zu suchen! Mit dieser Geschichte fanden die Kinder aller drei beteiligten Klassen in drei Durchgängen immer genauer heraus, *was alles zu Streitereien führen kann und was davon zu halten ist*. Und ganz nebenbei lernten sie eine Menge Wissenswertes über die beiden Vögel.

Ente und Eule wären zwar gern Freunde, aber sie ärgern sich ständig über ihre diversen Unterschiedlichkeiten: Die Eule verschläft den Tag, während die Ente nach ihrem Futter taucht und überzeugt ist, dass zum Schlafen die Nacht da sei.

*«‹Man schläft in der Nacht, sagst du? Überhaupt nicht! Nachts ist es viel zu aufregend zum Schlafen, wenn es richtig dunkel ist, wenn man seine Augen weit aufmacht und wenn man wartet, ob etwas zum Essen vorbeikommt.›*

*‹Bei dir piepts wohl›, sagte die Ente. ‹Das Essen kommt doch nicht vorbei. Man muss herumschwimmen und tauchen und immer wieder suchen, bis man was findet.› ‹Eine alberne Art zu essen›, murmelte die Eule. Die Ente ärgerte sich. ‹Das ist nicht albern, das ist normal›, sagte sie wütend.»*

Auch über die Essenszeit sind sie sich uneinig. Hier unterbrach jede der drei Lehrerinnen und fragte ihre Kinder:

- Warum ärgern sie sich eigentlich?
- Wie findet ihr das?
- Muss es wirklich zu Streit kommen, weil man verschieden ist? Wann vielleicht schon? Wann lohnt es sich nicht? Warum?
- Wie unterscheiden sich denn die beiden Vögel sonst noch?
- Und inwiefern sind sie sich ähnlich?

Dazu füllten sie eine Vergleichstabelle aus:

| | | |
|---|---|---|
| Beides sind Vögel, aber … | die Ente lebt am Wasser … | und die Eule auf dem Baum. |
| Beide haben Füsse, aber … | die Ente … | |
| Beide haben Schnäbel, … | | |
| Beide brauchen Futter, … | | |
| Beide müssen schlafen, … | | |
| … | | |

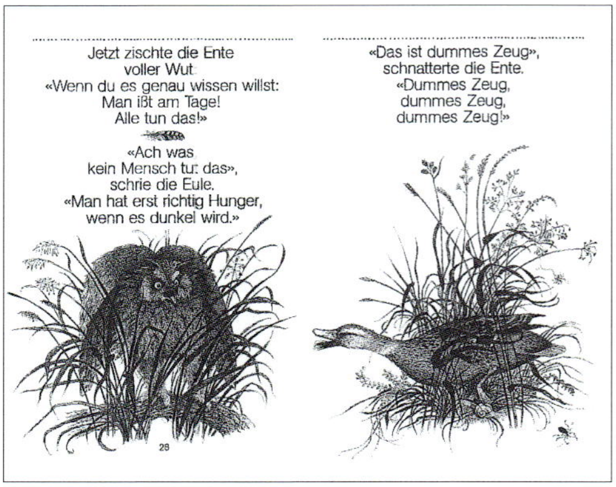

Die Kinder aller drei Klassen einigten sich – wie die beiden Vögel in der Geschichte – sehr bald auf die Erkenntnis: Sie streiten, weil sie verschieden sind. *«Aber darüber braucht man nicht zu streiten»*, findet die Eule. Doch was ist dann der Grund?

Damit war die zweite Suchrunde eröffnet. Die Kinder lasen weiter:

*«Du Ente, warum streiten wir uns eigentlich?» «Weil du alles falsch machst, darum.» «Nein, du!» «Nein, du!» «Nein, du!»*

Und schon ging das Gekeife wieder los!

Bei Ente und Eule fanden es selbst die Sechsjährigen schnell heraus: Die Unterschiede allein müssen nicht zum Streit führen. Aber hier will jeder Recht haben und findet nur seine eigene Lebensweise richtig. Und schon geht der Streit wieder los. Vielleicht trifft dies ja auch bei Kindern zu?

**Nun wurden die Begründungsansätze vertieft untersucht** und mit Fragen zu den Erfahrungen der Kinder ergänzt:

- Weshalb streitet ihr denn eigentlich miteinander?
- Oder tut *ihr* das etwa gar nie?
- Wie unterscheidet ihr euch von euren Kameraden?
- Was macht euch dabei Mühe?
- Wann gibt es deswegen vielleicht auch mal Streit?
- Sind es wirklich die Unterschiede, die den Streit auslösen?
- Was könnte es sonst sein?

Gegen den Schluss der Geschichte sagt die Ente: *«Ich habe Hunger. Hunger macht ungeduldig. Ich will mir was zu essen suchen.» «Und ich bin müde. Immer wenn ich müde bin, werde ich wütend»*, kontert die Eule. Aha: Man streitet also, weil man hungrig oder müde ist? Und dabei haben wir immer gedacht, die beiden Vögel streiten, weil sie so verschieden sind! Oder weil der andere immer alles falsch macht oder weil jeder Recht behalten will ...!

Der letzte Gesprächsteil drehte sich um die **Bewertung der gefundenen Gründe**. Damit regten die Lehrerinnen zur ethischen Meinungsbildung an, anstatt den Kindern die Moral «Hört auf zu streiten!» einfach nur überzustülpen:

- Was haben wir über die Gründe für das Streiten herausgefunden?
- Welche Gründe haltet ihr für berechtigt? Warum?
- Welche findet ihr eher dumm?
- Was ist denn so dumm daran?
- Trifft das immer zu? Wann ja, wann nein und warum (nicht)?

## 2. Grundfrage: Wie streiten wir? Was ist ein guter/ein schlechter Streit?

Die nächste Bilderbuchgeschichte, die sich leicht im Schulzimmer nachspielen lässt, eignet sich vor allem für den Aspekt der Qualität des Streits. Wie bei der Suche nach guten oder schlechten Gründen geht es auch hier um beides, um das genaue Beschreiben verschiedener Arten von Streit, aber auch um die Bewertung: Ist Streiten eigentlich immer schlecht? Wie sähe ein «guter» Streit aus? Ist es besser, wenn man mit Worten oder mit Fäusten streitet? Weshalb denn?

Das bei Sauerländer mehrfach neu aufgelegte Buch von **David McKee: Du hast angefangen! Nein, du!** gibt Gelegenheit, über solche Fragen nachzudenken.

*«Das hat Spass gemacht!»*, finden die beiden Kerle nach einer heftigen Auseinandersetzung mit Schimpfwörtern und Felsbrocken. Darf ein Streit auch Spass machen? Die Meinungen darüber gingen weit auseinander. Aber in

der zweiten Klasse waren sich die Kinder sehr schnell darüber einig, dass Schlagen oder Treten viel schlimmer sei als Schimpfwörter, bis ein Mädchen einwandte: *«Aber wenn man dir immer sagt, du seist so blöd, dann vergisst du das nie, nie mehr. Blaue Flecken aber vergehen bald wieder.»* Da schwappte die Meinung zur andern Seite. Erst nach mehreren untersuchten Beispielen von verbaler oder tätlicher Gewalt bildeten sich die Kinder eine differenziertere Meinung darüber, wann ein Streit in Ordnung sein kann und vielleicht sogar Spass machen darf.

Erstaunlich für die am Streit-Projekt beteiligten Lehrpersonen war, wie viele Kinder beim heftigen Streiten den Körpereinsatz stärker befürworteten als die verbalen Attacken. Und fast alle Kinder betonten, dass die Erwachsenen sich oft viel zu schnell einschalten würden!

### 3. Grundfrage: Wie könnte man einen Streit beenden? Wie «geht» Versöhnen?

In einem dritten Bilderbuch – einem Umkehrbuch, das von beiden Seiten gelesen werden kann und dabei zweimal dieselbe Geschichte erzählt – kommt es in der Buchmitte zur Versöhnung.

**Isabel Abedi und Silvio Neuendorf: Blöde Ziege – Dumme Gans** (ars edition 2003/9) handelt von zwei Kindern – einer Ziege und einer Gans –, die ihre Wut aufeinander überwinden und sich versöhnen. (Die Neuauflage enthält weitere doppelte Bilderbuchgeschichten über Grunderfahrungen aller Kinder, jeweils aus beiden Perspektiven erzählt: Wegnehmen und Zurückgeben, Verlieren und Gewinnen, Zugeben und Entschuldigen.)

Nach dem Gespräch über «Woher kommt der Streit?» und dem zweiten über «Wie läuft er ab? Darf er Spass machen?» untersuchten die drei Klassen zu guter Letzt noch die ganz besonders wichtige Frage, deren Ergebnisse sie mit Rollenspielen verankerten: «Wie und wodurch könnte ein Streit beendet werden?»

Welche Massnahmen bewähren sich, so dass alle Beteiligten zufrieden sind? Soll man einfach auseinandergehen oder besser etwas sagen? Mehrere Kinder schlugen spontan das englische Wort peace – Friede vor, andere streckten sich die Hand entgegen. Es gab aber auch eine ganze Reihe von Kindern, die erst in diesem Projekt gute Strategien kennenlernten, wie man aktiv Frieden schaffen könnte.

Zwei schöne «Weisheiten», die Grundschulkinder in diesem Streit-Projekt mit den drei Bilderbüchern gefunden haben, möchte ich Ihnen nicht vorenthalten:

***«Es kommt nicht darauf an, wer angefangen hat, sondern wer zuerst aufgehört hat!» Und: «Zwei ‹Unrechte› ergeben kein ‹Recht›!»***

# 7. Philosophieren über Gerechtigkeit

## Was du nicht willst, dass man dir tu ...

Die Geschichte von Fred, der es sich soeben für seine Lieblingssendung, die Abbott-und-Castello-Show, vor dem Fernseher gemütlich gemacht hat, als unerwarteter Besuch mit drei grösseren Kindern auftaucht und unbedingt die Muppet-Show sehen will, ist kinderphilosophisch interessierten Leserinnen und Lesern sicherlich bekannt. Sie gehört zu den Paradebeispielen, wenn es ums Nachdenken über Gerechtigkeit geht, und steht im Buch von Gareth B. Matthews **Philosophische Gespräche mit Kindern** (Freese Verlag, Berlin 1989). Die Geschichte aus seinem Ethik-Kapitel mündet in Freds ungläubige Frage an die Mutter: «*Warum ist es besser, wenn drei Leute egoistisch sind, als wenn es nur einer ist? ...*» Davor hatte sie ihn mit dem folgenden Satz trösten wollen: «*Ich weiss, du kannst diese Sendung nicht ausstehen. Aber mach dir doch mal Folgendes klar: So werden drei glücklich gemacht anstelle von einem.*»

**Gareth B. Matthews** (*1929) war Professor für Philosophie an der Universität von Massachusetts. Er zählt zu den Pionieren und ist einer der überzeugendsten Vertreter der Kinderphilosophie, der die deutschsprachigen Nachfolger entscheidend beeinflusst hat. Zu

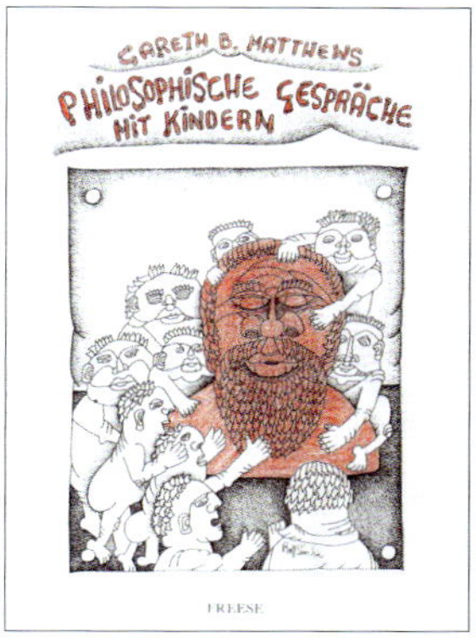


seinen Leser/-innen und den Studierenden pflegte er zu sagen:

«*Wer nie Philosophie, richtige Philosophie, mit einem Kind oder einer Gruppe von Kindern betrieben hat, hat eine der schönsten Gaben, die das Leben zu bieten hat, verpasst. Ich schlage allen vor, diesem Mangel so schnell wie möglich abzuhelfen.*»

Matthews beschreibt in seinem Buch, wie die Kinder einer vierten Klasse in Edinburgh auf seine oben erwähnte Geschichte über Fred reagiert hatten, indem sie das utilitaristische Prinzip der Mutter (das grösste Glück für die grösste Anzahl Menschen) als ebenso unbefriedigend verwarfen wie die **Goldene Regel** (Was du nicht willst, dass man dir tu, ...). Als ein Junge begründete: «*Du würdest auch nicht wollen, dass der Besuch einfach deine Wohnung stürmt und dir deine Lieblingssendung vermasselt!*», widersprach ein anderer: «*Wenn ich an Freds Stelle gewesen wäre, hätte mir das herzlich wenig ausgemacht.*» Den einen stört es, den andern nicht! Wie soll da die Goldene Regel greifen? Aus persönlichen Vorlieben lässt sich eben nicht undiskutiert eine allgemein gültige Regel ableiten, selbst wenn sie «golden» genannt wird. Ausserdem – so ein weiteres der Kinderargumente – würde die Goldene Regel sowieso nie von allen eingehalten. «*Das Äusserste, was du dazu sagen* *kannst, ist: Tu, was du kannst, um jeden, dich eingeschlossen, dazuzubringen, die Goldene Regel zu befolgen.»*

So endete für damals die philosophische Suche nach einer möglichst allgemein verbindlichen Regel gerechten Handelns in der schottischen Schulklasse. Aber typisch für Gareth Matthews – und auch für das philosophische Denken insgesamt – folgt im betreffenden Kapitel noch der Nachsatz, dass wir wohl weiter dranbleiben sollten.

So lässt Matthews Fred zu seinem Freund sagen: *«Ich muss Alice (Freds Schwester) nach ihrer Ansicht über deine Regel fragen. Ich sehe nicht ein, wie sie sagen kann, deine Regel tauge nichts – aber bei Alice weiss man nie, woran man ist. Sie findet bei allem ein Haar in der Suppe.»*

## Gerecht oder ungerecht?

Eine Geschichte nach Gareth B. Matthews
(adaptiert und mit Kindern durchgespielt und diskutiert von Eva Zoller Morf)

*Fredi liess sich mit einem Glas Limonade und einer Hand voll Chips in seinem Lieblingssessel nieder. Er wollte gerade die letzte Folge seiner geliebten Fernsehserie «Alf» sehen. Doch seine Vorfreude wurde unterbrochen durch das Geräusch eines Autos, das vor dem Haus anhielt. Dann hörte man Stimmen von Leuten, die sich der Haustür näherten.*
*Fredi wollte sich zwar auf den Fernsehschirm konzentrieren, aber schon ertönte die Hausklingel, und eine Horde schwatzender Leute trat ein.*

*«Fredi», sagte seine Mutter über das Getöse hinweg, «das sind die Eggers, erinnerst du dich an sie? Sie kommen vom Bodensee und sind heute nach Zürich gefahren. Lass doch die Kleinen ein wenig fernsehen, während ich Teewasser aufsetze. Schau, das ist Sarah, das der Philipp und hier Tina. Ihr Kinder seid ja so gross geworden, seit ich euch das letzte Mal gesehen habe!»*

*«Ich möchte die Simpsons sehen», schrie Sarah. «Ja, die Simpsons», stimmten ihre Geschwister zu. «Wollt ihr nicht lieber Alf sehen?», fragte Fredi so höflich, wie er konnte. «Nein», antworteten sie im Chor, «wir wollen die Simpsons sehen!»*

*Sarah, die Älteste der drei, ging gelassen zum Fernseher, langte zur Programmtaste und schaltete um zu den Simpsons.*

*Fredi stand traurig auf und ging hinaus in die Küche. «Warum machst du so ein trauriges Gesicht?», fragte ihn seine Mutter, während sie den Kessel füllte. «Ich weiss, du bist jünger als sie, aber es sind nette Kinder, wirklich. Und ihre Eltern sind sehr alte Freunde von uns. Sei nett zu ihnen!»*

*«Aber sie wollen die Simpsons sehen!», sagte Fredi ungläubig.*
*«Das tut mir leid», sagte seine Mutter, «ich weiss, du kannst diese Sendung nicht ausstehen. Aber mach dir doch mal Folgendes klar: So werden drei glücklich gemacht anstelle von einem.»*

*Fredi dachte einen Moment nach. «Mutter», sagte er dann langsam und bedächtig,*
***«warum ist es besser, wenn drei Leute egoistisch sind, als wenn es nur einer ist?»***

## Warum ist es besser, wenn drei Leute egoistisch sind, als wenn es nur einer ist? – Auf der Suche nach einer allgemeinen Regel für gerechtes Handeln

Matthews' Geschichten laden zum Nachdenken und Nachspielen ein. Dies unternahm ich mit einer **Gruppe von Zehn- bis Elfjährigen**, indem ich die leicht gekürzte (und «helvetisierte») Geschichte vorlesen und dann gleich ad hoc improvisieren liess. Schnell entstand ein imaginäres TV-Zimmer mit einem zufrieden im Sessel hängenden Fredi, zwei Stühle markierten die Haustüre, und schon kam der Überraschungsbesuch im lärmenden Auto (fünf Stühle) dahergefahren. «Lass die Kleinen ein bisschen fernsehen, während ich Teewasser aufsetze», sollte «die Mutter» sagen, wurde jedoch gleich unterbrochen von den zuschauenden Kameraden: *«Bei uns würde der Fernseher sofort ausgeschaltet, wenn Besuch kommt!»* «Weshalb denn?», forderte ich zur Begründung auf. Es kam aber gar nicht dazu, weil bereits der nächste Einwurf folgte: *«Das wäre aber gemein für Fredi, weil sich der doch schon so auf die Sendung gefreut hatte!» «Aber einfach umschalten, wie es der Besuch gemacht hat, ist noch viel fieser!»* «Lasst uns die Geschichte mal einfach so durchspielen, wie Matthews sie erzählt hat», unterbrach ich den Redefluss. «Aber dabei könnten wir uns schon mal überlegen, wie sich zum Beispiel Fredi gefühlt haben mag. Was meint ihr?» Auch nach den Gefühlen der Mutter, der anderen Kinder und deren Eltern fragten wir, um so das Verständnis der Gesamtsituation zu vertiefen.

**Was haltet ihr von der Geschichte?,** war dann die noch recht offene **Einstiegsfrage**. Erwartungsgemäss wurde nun wiederholt,

wie ungerecht es für Fredi zugegangen sei, worauf mehrere Kinder sogleich eine Reihe von Vorschlägen zur Lösung des Problems anboten: *«Die hätten eben ‹zappen› müssen, fünf Minuten die eine, fünf Minuten die andere Sendung ansehen.» «Oder statt dessen etwas ganz anderes machen, zum Beispiel ein Spiel.» «Meine Mutter würde sagen, sie schalte den Fernseher aus, wenn wir uns nicht einig werden.» «Sie hätten es besprechen sollen.» «Aber bis sie das ausdiskutiert hätten, wäre die Sendung doch längst vorbei!»*

Solche Antworten kann man übrigens häufig auch bei philosophisch noch wenig geübten Erwachsenen antreffen, denn die meisten von uns sind recht gut darauf getrimmt, im Konfliktfall sofort nach Lösungen zu suchen. Beim Philosophieren jedoch gehen wir zuerst etwas auf **Distanz zum Problem** und versuchen, durch grundsätzliche Überlegungen den dahinterliegenden Wertekonflikt zu verstehen:

- Wessen «Recht» hat hier den Vorrang? Stimmt eher «Der Gast ist König» oder «Hier wohne ich, es ist unser TV-Gerät»?
- Sind Mehrheitsentscheide wirklich immer gerecht?
- Wurde die Mutter ihrem enttäuschten Sohn gerecht?

Erst gegen Ende des Gesprächs werden dann sinnvolle Handlungsvarianten für weitere ähnliche Situationen abgeleitet.

«Dann lasst uns nun überlegen, was genau denn für Fredi so ungerecht war und weshalb! **Was heisst denn ‹gerecht› überhaupt?** Sucht weitere *Beispiele*, wo ihr das Wort benutzen würdet, und begründet eure Meinung! Auch *Gegenbeispiele* sind erwünscht.»

*Das philosophische Werkzeug Begriffsklärung (W – Was ist gemeint mit …?)* gehört fast immer zur Erörterung einer Frage. Manchmal, wie in unserem Beispiel hier, macht sie sogar den Hauptteil eines ganzen Gesprächs aus. Im Gegensatz zur Fachphilosophie ist die Begriffsarbeit aber eingebettet in die Erfahrungswelt der Kinder, und zusätzlich zielen wir mit der Diskussion auf eine spätere praktische Umsetzung der Erkenntnisse im Alltag.

Doch vorerst schreiten wir von den gesammelten Beispielen mit *Hinterfragen (Werkzeug S – Stimmt das?)* und *Begründungen (Werkzeug G – gute Gründe?)* weiter in Richtung einer Verallgemeinerung. Diese lässt sich finden, wenn wir gegen den Schluss nach den Gemeinsamkeiten bei den genannten Erfahrungen suchen. Meine Schüler/-innen fanden damals zum Beispiel heraus, dass Gerechtigkeit etwas mit Zufriedenheit aller Beteiligten zu tun hat. Aber: Kann denn jemand zufrieden sein, obwohl er einen Verzicht leisten muss?

Am Ende der Stunde versuchten wir, Regeln in der Art zu formulieren: Gerecht ist eine Handlung immer dann, wenn …

**Geeignete Hebammenfragen** für die oben genannten Gesprächsabschnitte:

*Begriffe* wie «gerecht/ungerecht», die uns vielleicht völlig klar zu sein scheinen, *sollten so weit geklärt werden (W)*, wie es für die zur Debatte stehende Frage nötig ist. Im vorliegenden Fall können uns die folgenden Fragen weiterbringen:

- Wer hat denn nun in der Geschichte ungerecht gehandelt?
- Weshalb war das ungerecht?
- Wem wird Recht/Unrecht getan?
  Was ist daran denn ungerecht?
- Was hatte Mutters Vorschlag mit Gerechtigkeit zu tun?
- Was ist der Unterschied zwischen «gerecht entscheiden» und «jemandem gerecht werden»?
- Ist «fies» dasselbe wie «ungerecht» oder «gemein»? Sucht Unterschiede!
- Was heisst «fair» eigentlich genau?

Mit dem *Hinterfragen (S) der Annahmen (A)* überprüfen wir Werte, die für selbstverständlich gehalten werden, und suchen nach gültigen *Verallgemeinerungen.* Wörter wie immer, alle, nie, überall, man, überhaupt … helfen dabei:

- Zum Besuch muss man *immer* höflich sein. *Also* dürfen die drei fremden Kinder ihren Willen durchsetzen. Stimmt diese *Folgerung (F)?* Wer ist damit (nicht) einverstanden? Warum nicht?
- Fredi ist schliesslich hier zu Hause, *also* hat er mehr Recht (F), zu bestimmen, welches

Programm sie sich ansehen. Gilt diese Regel *überall*? Wo vielleicht nicht? Wie findet ihr das?

- Wer hat *überhaupt* das Recht, Regeln zu bestimmen? Wieso?
- Sind Mehrheitsentscheidungen gerecht? Warum vielleicht nicht immer?
- Warum kann denn die Goldene Regel nicht immer genügen?
- Wie könnten Fredi *und* der Besuch zu ihrem Recht kommen?

Natürlich gehören zu allen Antworten auf solche Fragen auch gute Argumente und *stichhaltige Begründungen (G)*, die wir zum Beispiel so einholen:

- Wie kommst du darauf?
- Wieso denkt ihr, dass das stimmen könnte?
- Was spricht dafür? Was dagegen?
- Könnte es noch anders sein? Wie denn?

Damit die Kinder möglichst viele Aspekte eines Problems ins Auge fassen, geben wir uns jeweils nicht mit einer einzigen Antwort zufrieden:

- Wem fällt noch eine weitere Möglichkeit ein?
- Haben wir das jetzt wirklich schon ganz richtig verstanden?
- Gibt es hier wohl mehr als eine Wahrheit? Wie kann das sein?

Als Abschluss machten wir gemeinsam eine kurze **Zusammenfassung der gefundenen Erkenntnisse** und hielten offene Fragen für eine nächste Untersuchung fest. Dann folgte als **lockerer Ausstieg** das variierte **Rollenspiel**: Wie hätte eine gerechte Situation ausgesehen? In kleinen Gruppen überlegten die Kinder ihre Variante und spielten sie danach der Klasse vor. Brmmmm ... Mit Getöse kam «die Autofamilie» noch mehrmals zu Besuch. Was sie an ihrer Lösung nun «gerecht» fanden, formulierte danach jede Gruppe in einem Satz auf der Wandtafel. Das ergab mehr als genug Material für weitere Gespräche über Gerechtigkeit!

## Gerechtigkeit hat viele Gesichter!

In einer Elternkursgruppe stellte ich einmal die Gerechtigkeit zur Debatte: Was ist eigentlich Gerechtigkeit? Spontan platzte die erste Antwort aus einem der Väter heraus: «Gerechtigkeit gibt es überhaupt nicht!» Darauf war ich nun ganz und gar nicht gefasst, und natürlich wollte ich von ihm wissen, was er damit denn meine. Es stellte sich heraus, dass in seiner Familie am Tag zuvor eine heftige Streitdiskussion zwischen ihm und seinen Kindern stattgefunden hatte, ohne dass eine «gerechte» Lösung gefunden worden war. «Wir können uns nun mal nicht alles leisten, was die Nachbarn ihren Kindern kaufen!», hatte der Vater verzweifelt zu erklären versucht, doch seine Kinder beharrten wütend darauf, dass dies ungerecht sei. Das unbefriedigende Ende des Gesprächs belastete den Vater noch am Tag danach.

Nun verstand ich seinen Ausbruch, und ich variierte meine Frage: «Das, was es Ihrer Meinung nach nicht gibt, diese Gerechtigkeit, was wäre das denn überhaupt? Was ist mit dem Wort gemeint?» Selbst wenn wir überzeugt sind, dass es «etwas» nicht gebe, können wir uns doch überlegen, was mit diesem «Etwas» gemeint sein könnte. Danach lässt sich bestimmt eher herausfinden, ob und wo es – oder eben sie, die Gerechtigkeit – vielleicht doch vorkommt oder tatsächlich fehlt.

**Dazu brauchen wir alle vier Dimensionen des Caring Thinking** (siehe S. 68 f):

Meist entzünden sich die Diskussionen an vermeintlichen Ungerechtigkeiten, zum Beispiel beim Teilen, bei Regelverstössen und Strafen, bei gebrochenen Versprechen oder auch im Zusammenhang mit unserem Umgang mit der Natur (wertschätzendes Denken), insbesondere mit den Tieren.

Da viele Kinder einen sehr stark ausgeprägten Gerechtigkeitssinn (affektives Denken) haben, fordern sie von uns Erwachsenen dann kompromisslos gerechte Lösungen. Aber leider ist das ja nicht immer möglich.

Die Gerechtigkeit wäre sozusagen der Soll-Zustand (normatives Denken), den wir uns wohl alle wünschen. Tatsache ist aber auch, dass dieser nicht immer zu verwirklichen ist. Doch bevor Kinder – und wir selber! – bereit sind, diese «Kröte» zu schlucken, lohnt es sich, ein paar philosophische Schritte (mit Caring Thinking) zu tun, damit wir den Spielraum zwischen Allmacht und Ohnmacht entdecken und ausloten: Wo und wie könnten wir denn der Gerechtigkeit wenigstens ein wenig Vorschub leisten? Wann müssen wir uns für sie einsetzen und vielleicht sogar den Kampf wagen? Es steckt so viel gute Energie in der Wut und Empörung der Kinder (affektives Denken), dass wir ihnen unbedingt helfen sollten, Wege zu finden, sich für die Gerechtigkeit oder gegen Ungerechtigkeiten einzusetzen (aktives Denken).

## Was Philosophen über Gerechtigkeit denken

Um dafür gewappnet zu sein, lohnt es sich, ein paar Ideen zu diesem Thema von den professionellen Denkern zu kennen. Sie hier ausführlich vorzustellen würde den Rahmen des Buches natürlich sprengen. Ich beschränke mich daher auf einige wenige Impulse, die Eltern oder Lehrpersonen zu kleinen Übungen und Dialogen mit Kindern anregen mögen.

**Aristoteles**, der nach Sokrates und Platon dritte der grossen klassischen Philosophen Griechenlands, wirkte im 4. Jh. vor Chr. unter anderem als Lehrer des mazedonischen Königs Alexander des Grossen. Er entdeckte die Gesetze der Logik und begründete damit das wissenschaftliche Denken. Seine Schriften waren bis ins hohe Mittelalter – neben der Bibel – die Hauptquelle zum besseren Verständnis von Natur und Kosmos, von Gott, Mensch und Welt.

**Aristoteles** hat sich in seiner **Nikomachischen Ethik**, einem Buch, das er seinem Sohn Nikomachos gewidmet hat, zum Beispiel mit der **Verteilungsgerechtigkeit** beschäftigt. Wann immer es etwas zu teilen gibt, stellt sich die Frage: Wie machen wir es, damit es gerecht ist? Jedem das Gleiche oder jedem das Seine?

Ein hübsches Beispiel habe ich mit einer Gruppe von Zehnjährigen erlebt: Ich hatte zwei Mandarinen mitgebracht, und als ich in der Pause dabei war, die eine zu essen, fragte mich ein Mädchen, ob es auch davon bekommen könnte. Ich wollte ihm die zweite Frucht überlassen, doch gleich hatten das ein paar weitere Kinder gesehen und wollten nun auch teilhaben. «Was soll ich jetzt tun?», fragte ich in die Runde. «*Jedes bekommt einen Schnitz!*», rief eins der Kinder, aber das Mädchen fand das ungerecht: «*Ich habe zuerst gefragt!*» Doch dieses Argument liessen die andern nicht gelten. «*Wir wollen auch davon!*», forderten sie mit Nachdruck und sahen mich Unterstützung heischend an. «Tut mir Leid, es war meine letzte», musste ich sie wissen lassen, und ich war gespannt, ob und wie sie sich einigen würden. Das Mädchen zählte inzwischen die Schnitzchen und verkündete: «*Es hat sowieso nicht genug für euch alle!*» Da trat Roman, der sich bis jetzt im Hintergrund gehalten hatte, zu uns und bot die fehlenden Schnitzchen von seiner eigenen Mandarine an. Überrascht von seinem Angebot, konnte das Mädchen sich nun nicht lumpen lassen und begann mit der Verteilung. Als eines der Kinder dankend ablehnte, weil es Mandarinen gar nicht mochte, sagte ich in gespieltem Ernst zu ihm: «Das geht doch nicht! Nun müssen alle eins nehmen, sonst ist das ungerecht!» Die Kinder lachten, und spitzbübisch appellierte Roman an meinen «Gerechtigkeitssinn»: «*Dann müssen Sie eben nächstes Mal für Lena etwas mitbringen, das auch sie mag!*»

Diese Kinder begriffen, dass die Regel «Jedem das Gleiche» nicht immer möglich und auch nicht immer sinnvoll ist. Oft ist es gerechter, «Jedem das Seine» zuzuteilen. Weil wir alle verschieden sind, haben wir auch verschiedene Bedürfnisse oder Vorlieben, unterschiedliche Fähigkeiten und Möglichkeiten. Aristoteles spricht deshalb von **«verhältnismässiger Gleichheit»**, wenn es um das Zuteilen von

**Geeignete Gesprächsthemen für Grundschulkinder zu Gerechtigkeit und Gleichheit**

Die Zuteilung der Hausaufgaben, Computer- oder Fernsehzeiten, Haushaltpflichten der Geschwister, die Verantwortung für Haustiere, Geschenke, das eigene Zimmer, das Taschengeld. Bei all diesen Themen können Kinder leicht selber herausfinden, weshalb es nicht das Ziel sein kann, dass alle dasselbe bekommen oder tun dürfen/müssen.

Ein paar **Hebammenfragen** regen dazu an:

- Ist es immer ungerecht, wenn nicht alle gleich viel/das Gleiche bekommen? Wann vielleicht schon? Warum (nicht)? *(Es könnte mehrere gute Gründe dafür geben!)*
- Muss man eigentlich immer/alles teilen? Was vielleicht nicht? Weshalb? *(Beispiele und Gegenbeispiele begründen lassen!)*
- Wovon hängt es ab, ob eine Zuteilung gerecht ist? *(mehrere Antworten einholen!)*
- Wie könnte man dafür sorgen, dass alle mit einer Lösung einverstanden sind, auch wenn nicht alle ihren Wunsch erfüllt bekommen können? Denkt an Fredi und seinen Überraschungsbesuch!

Gütern oder Pflichten geht. Vorhandene Güter einigermassen gerecht zu verteilen, fällt (Kindern) nicht allzu schwer. Was aber, wenn gar nicht genug da ist, um allen gerecht zu werden? Dann kommt nach Aristoteles eine andere Art der Gerechtigkeit ins Spiel: **die ausgleichende oder Tauschgerechtigkeit**. Roman hatte sie mit dem Vorschlag, dass ich nächstes Mal etwas mitbringen solle, was Lena auch mag, ganz ohne es zu merken, schon angetönt. Der Ausgleich besteht nicht darin, quantitativ gleichgestellt zu werden, sondern wer im einen Fall benachteiligt ist, soll zum Ausgleich in einem anderen Fall den Vorzug bekommen. Aristoteles hat dabei an den Staat gedacht, der dafür sorgen müsse, dass es allen Bürgern gut gehe.

Pikantes Detail: In Athens so oft gerühmter Demokratie galten die Frauen nicht als Bürger, und die Sklaven natürlich auch nicht! Die Gesetze aber sollten für alle gleichermassen gelten, und wer sie missachtete, hatte zum Ausgleich auch dieselbe Strafe zu gewärtigen.

### Gesprächsthemen und Hebammenfragen zur ausgleichenden Gerechtigkeit für Kinder ab etwa 10 Jahren:

**Wann sind Strafen gerecht?**

- Wer darf sie bestimmen?
- Welche Strafen nützen? Warum?
- Könnte eine Strafe sich auch negativ auswirken? Wann? Wieso (nicht)?
- Brauchen wir Strafen? Was wäre, wenn es keine gäbe?
- Welche Strafen findet ihr sinnvoll und gerechtfertigt? Warum?

**Sind Abstimmungen immer gerecht?**

- Wie fühlt ihr euch, wenn ihr bei einer Abstimmung unterliegt?
- Warum soll eigentlich immer die Mehrheit entscheiden?
- Wie könnten wir die Unterlegenen einbeziehen?
- Was hätte Fredi geholfen, den drei Besucherkindern, die in der Mehrheit waren, den Fernseher zu überlassen?
- Welche Argumente von Fredi hätten die drei vielleicht umstimmen können?

Eine ganze Schule von englischen Philosophen des 19. Jahrhunderts, die man die **«Utilitaristen»** nennt, versuchte, die Gerechtigkeit rechnerisch zu ermitteln. «Utilis» heisst «nützlich». Jeder Entscheid sollte möglichst vielen Menschen möglichst grossen Nutzen oder mehr Glück bringen. Das wäre dann gerecht. Bloss: Wie kann man das Glück messen? Der Vorschlag von Fredis Mutter «*Aber mach dir doch mal Folgendes klar: So werden drei glücklich gemacht anstelle von einem*» geht nach diesem Prinzip vor. Eines der Gegenargumente in meiner Kindergruppe nahm darauf Bezug. «*Aber wenn die drei nur gerade ein kleines bisschen glücklich würden, Fredi aber ganz fest unglücklich, dann sollte er Recht bekommen!*»

Eine andere Schulklasse, die ich jeweils im Turnunterricht per Abstimmung ein Schlussspiel auswählen liess, fand die folgende Lösung gegen die «ungerechten» Mehrheitsentscheide: Da immer dasselbe Spiel mehr Stimmen bekam, beschwerten sich die Unterlegenen, das sei ungerecht! «Aber wir haben doch abgestimmt?», erwiderte ich fragend. «*Und doch ist es ungerecht, denn wir kommen nie zu unserem Spiel!*» «Was also sollen wir tun?» Sie beschlossen, dass das Schlussspiel nur jedes zweite Mal per Abstimmung ermittelt werden dürfe. In der Woche danach würde dann die Wahl der Unterlegenen zum Zuge kommen. Dem stimmten nun sogar die ehemaligen «Sieger» grosszügig zu, denn sie konnten sich einfühlen in die Minderheitsgruppe und sich vorstellen, wie es wäre, immer nachgeben zu müssen.

Wie ein König oder eine Regierung zu den gerechtesten Gesetzen für die Bürger/-innen kommen kann, beschreibt eine weitere, sehr berühmte Theorie. Sie stammt vom Amerikaner **John Rawls** (1921–2002) und wird **«Fairness-Ethik»** genannt.

Wer Gesetze erlässt, sollte darauf achten, dass alle, die davon betroffen sind, sie bejahen können. Keiner darf bevorzugt, niemand benachteiligt werden. Um dies zu überprüfen, entwarf Rawls ein Gedankenspiel: Nachdem die Grundsätze der Gerechtigkeit entworfen wären, müssten alle – Gesetzgebende und Betroffene – in einen tiefen Schlaf fallen («Schleier des Nichtwissens»). Wenn sie daraus erwachten, hätten sie eine ganz andere Rolle in der Gemeinschaft. Vielleicht wäre der König dann ein Schuster, oder eine Bäuerin würde als Richterin im Leben stehen. Keine/r wüsste, wo und als wer er/sie aufwachen würde. Wenn die Gesetze dann immer noch als gut befunden werden, sind sie wirklich fair.

**Wann sind Gesetze gerecht? Wann sind Regeln gerecht? Wann ist eine Handlung gerecht? Ist die Welt, ist Gott gerecht?**

Diese Fragen haben die Menschen offenbar durch die Jahrhunderte begleitet, und trotz aller Theorien bleibt es doch oft schwierig, das «Rechte» oder eben das «Richtige» zu tun. Ausgerüstet mit dem philosophischen Werkzeug, haben Kinder und Erwachsene mehr Möglichkeiten, gemeinsam tragfähige, faire Entscheidungen zu erarbeiten. Philosophieren wir deshalb öfters über Fragen der Ethik, die bei Kindern und Jugendlichen meist auf lebhaftes Interesse stossen! Zum Beispiel:

- Darf man Tiere töten, um sie zu essen? Welche vielleicht schon? Welche nicht? Warum? Worauf kommt es an?
- Wieso wird so viel Urwald gerodet, obwohl man weiss, dass man den Tieren damit den Lebensraum nimmt?
- Haben Tiere weniger Recht zu leben als die Menschen? Wieso eigentlich?
- Welche Rechte sollten alle Menschen haben? Wer bestimmt das?
- Warum müssen Kinder in manchen Ländern Erwachsenenarbeit verrichten?
- Wieso gibt es so viele Hungernde? Was könnte man dagegen tun?
- Warum gibt es Kriege? Könnte der Krieg auch zu uns kommen?
- Was tun die Länder gegen das Abschmelzen des Polareises?
- Und so weiter ...

Mit philosophischen Gesprächen, gekoppelt mit dem Vorleben von Respekt und Gewaltverzicht, fördern wir den achtsamen und freundschaftlichen Umgang der Kinder mit andern Menschen, mit Tieren und überhaupt mit der ganzen Natur. Und nicht zuletzt werden wir dabei selber oft neue Impulse für unsere Handlungsweisen erhalten.

## Literatur zur Ethik

**Rainer Erlinger: Lügen haben rote Ohren – Gewissensfragen für grosse und kleine Menschen**
Ullstein 2006. Verschiedene Themen aus der Ethik, für Jugendliche und Lehrpersonen an Beispielen verdeutlicht und vorgestellt.

**Antonio Skàrmeta: Der Aufsatz**
Dressler 2000. Ist Lügen in einer Diktatur vielleicht sogar nötig, wenn man einen Aufsatz über das Familienleben schreiben soll? Ein zu Recht preisgekröntes Buch, das für Kinder ab etwa 10 Jahren die schwierige Tatsache fürchterlicher Diktaturen ein Stück weit verstehbar macht.

**Brigitte Labbé/Michel Puech: Was verbindet die Welt? – Ethik für Kinder**
Loewe 2005. Fragen, Erklärungen und Denkanregungen zu Mädchen/Jungen, Gerecht/Ungerecht, Gewalt/Gewaltlosigkeit, Krieg/Frieden, Schön/Hässlich, ab etwa 10 Jahren geeignet zum Selberlesen oder für Lehrpersonen zur Vorbereitung.

**Alex Scheffer/Julia Donaldson: Flunkerfisch**
Beltz & Gelberg 2007
*«Wer einmal lügt, dem glaubt man nicht ...».*
So die Moral dieser Geschichte.
Gibt aber Anlass zu vertieftem Nachdenken über Unwahrheiten. Eher für kleine Kinder geeignet.

# Teil III: Existenzielle Fragen

**Religiöse Fragen philosophisch angehen**

**Philosophieren heisst sterben lernen heisst leben lernen!**

**Im Laufe deines Lebens wirst du noch viele *Fragen* stellen …**

# 8. Religiöse Fragen philosophisch angehen

## Wissen, glauben oder philosophieren? – Vom Mythos zum Logos

Woher kommen wir? Wohin gehen wir? Wozu sind wir auf der Welt? Gibt es einen grösseren Sinn hinter all dem, was auf der Welt geschieht? Gibt es eine lenkende Instanz, eine höhere Macht, einen Gott, der sich um das Geschehen kümmert, oder nur ein blindes Schicksal und nichts als Zufälle? Was ist die Seele? Warum gibt es den Tod? Gibt es ein Jenseits, einen Himmel mit Engeln, eine Hölle?

Viele der ganz grossen Fragen ums Diesseits und Jenseits stellten sich die Menschen schon lange bevor Philosophen wie Sokrates oder Platon auf die Idee kamen, sich mit dem Logos (Wort, Vernunft) auf die Suche nach Antworten zu begeben. Vermutlich seit es die Menschen gibt, scheinen sie sich über die Welt, in der sie sich vorfanden, gewundert zu haben, über das unerklärliche Woher und Wohin von allem und über ihr eigenes Leben inmitten von zahlreichen Gefahren. Um damit zurechtzukommen, versuchten sie, so gut es ihnen möglich war, das Dasein mit allerlei Mythen (in Bildern) irgendwie zu erklären und durch rituelle Handlungen die auftretenden Bedrohungen zu bannen. So ungefähr könnten die ersten Religionen entstanden sein, gelebt in Riten und verbunden mit der Hoffnung oder gar Überzeugung, durch «richtiges» Handeln die «göttlichen Instanzen» gnädig zu stimmen.

Noch heute findet man Spuren solchen «Denkens» und Glaubens selbst in hoch entwickelten Religionen wieder, und kleine Kinder scheinen sich oft ganz ähnlicher Vorstellungen zu bedienen, um sich einen Reim auf die Welt zu machen. Manchmal fantasieren sie sich dabei allerdings falsche und bisweilen sogar schwer belastende Antworten zusammen, insbesondere wenn es um Fragen des Todes geht. Dann sollten ihre Bezugspersonen solche Irrtümer unbedingt erkennen und korrigieren! *«Ist Papa gestorben, weil ich nicht gehorcht habe?»*, fragte zum Beispiel eine Vierjährige. Ein anderes Kind, dessen Bruder an einer lebensbedrohlichen Krankheit litt, glaubte, diese durch seine Eifersucht verursacht zu haben. Und eine Neunjährige erklärte mir einst, sie möchte nach ihrem Tod nicht beerdigt werden, weil sie nicht von Würmern gefressen werden wolle. Dieses Gruselmärchen wird leider noch immer gedankenlos herumgeboten; sie hatte es wohl irgendwo aufgeschnappt und kaum selbst erfunden. Solcher Unsinn verhindert aber oft, dass man sich ernsthaft mit dem Thema beschäftigt. Deshalb machte ich dem Mädchen klar, dass es in der Tiefe der Gräber keine Würmer gibt und die damit verbundenen Ängste oder Ekel-Gefühle unnötig seien.

Hier konnte ich den falschen Vorstellungen mit Fakten begegnen, doch wie können wir Kindern helfen, die sich durch irgendwelche irrationalen Glaubensbilder erschrecken lassen, wie mein siebenjähriger Nachbarsjunge, der über Monate hinweg jedes Mal in Panik geriet, wenn ihm einige Klassenkameraden mit dem Teufel drohten? Bei Kindern im magischen Alter mögen dann manchmal Gegenbilder angebracht sein, deshalb schenkte ich diesem Buben einen kleinen «Kraftstein», den seine Faust fest umschliessen konnte. Dabei konnte er die «Stärke des Steins» spüren, und dies half ihm, seine Panik zu reduzieren. Glaube soll ja Berge versetzen ...

Die Religionen – beziehungsweise deren Vertreter – erzählen uns in Bildern, wie sie die Welt und ihr Werden und Vergehen verstehen. Sie geben menschlichem Handeln in dieser Welt die Richtung vor, indem sie sich auf göttliche Gebote und Offenbarungen berufen. Sie machen mit deren Deutung Hoffnungen auf eine jenseitige Welt oder auf ein Weiterexistieren nach dem Tod. Mit unterschiedlichen

Mythen, mit ihrer Ethik und den Riten helfen sie zahllosen Menschen, das Leben zu meistern und an einen Sinn zu glauben. Das mag für viele ein guter Weg sein, solange sie die «Glaub-Würdig-keit» einer bestimmten Lehre durch eigene bestätigende Erfahrungen überprüfen, anstatt alles unhinterfragt zu übernehmen. Meinem kleinen Nachbarn hingegen hatte es bestimmt nicht gutgetan, an den instrumentalisierten «Teufel» zu glauben! Und vielen Jugendlichen, denen auf der Suche nach ihrer Identität und dem Sinn ihres Daseins eine eng denkende und verkürzt argumentierende religiöse Gemeinschaft vorschnell «die Wahrheit» schmackhaft zu machen versteht, wird der Glaube ebenfalls eher schaden als nützen, denn irgendwann fallen solche Gebäude meist doch in sich zusammen. Das Philosophieren kann aber eine geeignete Alternative sein.

**Immanuel Kant**, dem es ein grosses Anliegen war, dass sich alle Menschen ihres Verstandes bedienen sollten, plädierte für eine aufgeklärte Lebenseinstellung, die sich auf Postulate der Vernunft stützt. Dabei muss nicht auf den Glauben verzichtet werden, doch ist die Gefahr, sich an unsinnige Vorstellungen zu klammern, viel geringer, wenn man der Vernunft auch im religiösen Bereich eine Stimme gibt. Kant schrieb einmal:

**«Ich musste das *Wissen* aufheben, um zum *Glauben* Platz zu bekommen»**, denn

- ob es einen Gott gibt oder nicht, ist niemals zu beweisen, da weder unsere Sinne noch unser Verstand die geeigneten Werkzeuge dafür sind. Kant hielt es jedoch für vernünftig, sich so zu verhalten, wie wenn es Gott gäbe.
- ob wir eine unsterbliche Seele haben, entzieht sich ebenfalls der Beweisbarkeit.
  Es schien Kant aber eine vernünftige Annahme zu sein, weil unser Leben nie zu reichen scheint, um Vollkommenheit zu erlangen. Und doch streben alle danach.
- ob wir tatsächlich einen freien Willen besitzen, ist genauso wenig beweisbar – die aktuelle Hirnforschung findet sogar immer neue Argumente dagegen! Dennoch sollten wir so tun, als ob wir frei wären, das Gute zu wollen, meinte Kant, denn sonst wären wir moralisch niemals als verantwortlich zu bezeichnen.

Mit diesen Überlegungen hat der grosse Philosoph dem Glauben einen eigenen Platz und auch eine Berechtigung gegeben. Wer aber vorhandenes («aufgehobenes» und damit «er-hobenes») Wissen nicht einbezieht und ohne gründliches Philosophieren eine Religion einfach übernimmt, lebt nach Kant in «selbst verschuldeter Unmündigkeit». Diese machte die Menschen jahrhundertelang abhängig von Autoritäten kirchlicher und weltlicher Art und tut es heute noch, wenn man dies zulässt. Und leider führt sie nur allzu oft zu Intoleranz und fundamentalistischen Tendenzen, unter anderem deshalb, weil es sowohl im Christentum als auch im Islam den absoluten Wahrheitsanspruch und auch den Missionsgedanken gibt. Beides kann in unserer multireligiösen und multikulturellen Gesellschaft zu Konflikten und Gewalt Anlass geben.

Mit dem Philosophieren über religiöse Fragen versuchen wir, sowohl der Vernunft als auch der Hoffnung und dem Vertrauen Platz einzuräumen. Mittels der Vernunft loten wir aus, was wir *wissen* oder zumindest *logisch erschliessen* können, um uns Antworten anzunähern, die vielleicht zu einer persönlichen *Glaubensgewissheit* werden können. Oder um es nochmals mit den zwei Sätzen von Kant zu sagen, mit denen er die philosophierende Suche der Menschen nach dieser Grenze beschreibt: **Was kann ich wissen?** Oder aber: **Was darf ich hoffen?** Was unsere Sinne wahrnehmen und unser Verstand begreifen (in «Be-Griffe» fassen) kann, ist *wiss*bar. Über Jenseitiges oder das Göttliche aber sind wir auf Spekulationen und emotionale Vorgänge wie das *Hoffen* angewiesen. In beidem kann

«Wahrheit» liegen, doch was ist Wahrheit denn überhaupt?

## Philosophieren über Wahrheit

Wenn wir also mit Kindern oder Jugendlichen auch über die religiösen Fragen philosophieren wollen, kann es nicht darum gehen, das Wissen gegen den Glauben auszuspielen. Es kann auch nicht darum gehen, den Glauben an etwas Göttliches durch den Glauben an die Technik oder die Wissenschaften zu ersetzen.

Auch – oder erst recht – ist bei den existenziellen Fragen Respekt vor den Meinungen aller geboten, was aber nicht heisst, dass keine kritischen Anfragen gemacht werden dürften.

Es lohnt sich, zuerst einmal den Begriff «Wahrheit» etwas genauer unter die Lupe zu nehmen, noch ohne dabei persönliche Bewertungen oder Überzeugungen zu hinterfragen. Als Einstieg eignet sich dafür zum Beispiel ein Bild des Berner Künstlers Sandro del Prete: sein berühmter «Berggeist».

Was sehen die Kinder wohl hier? Und Sie? Ist wirklich alles *wahr*, was wir *wahrnehmen?*

Mit einem **Brainstorming** sammelte eine Lehrerin danach mit ihrer **fünften Klasse** viele Assoziationen zum Stichwort **«Wahrheit»**, das sie gross an die Wandtafel schrieb. Die einzeln auf Zettel notierten Ideen wurden sodann gruppiert nach Ähnlichkeiten, was bereits eifrige Diskussionen auslöste. Heraus kamen dabei die folgenden Arten von Wahrheiten, die als mehr oder weniger gewiss gewertet wurden:

- Fakten, objektive Wahrheiten, Wirklichkeiten: Was wir sehen, hören, tasten ... ist (meistens) wahr.
- Subjektive Wahrheiten: Was jemand spürt, empfindet, erlebt, glaubt (!) ... ist (für denjenigen) auch wahr.
- Was wir gelernt haben und wissen, kann wahr sein? (Hier meldeten sich erste Zweifler.)
- Was nicht gelogen ist, ist wahr. (moralischer Aspekt)
- Geschichten können wahr oder erfunden sein.
- Träume können manchmal wahr werden. (Auch diese Aussage war umstritten.)
- Mathematische Wahrheit: 1 + 1 = 2.
- Logische Wahrheit: Dass nach dem Sonntag der Montag kommt.
- Religiöse Wahrheit: Wenn jemand an Gott glaubt, ist Gott auch wahr, aber nur für den/die Betreffende/n.
- Dass wir alle einmal sterben werden ...

Auf zwei Listen wurden nun die verschiedenen Wahrheiten und Unwahrheiten notiert und danach zeichnete jedes Kind einen «Wahrheitsbaum».

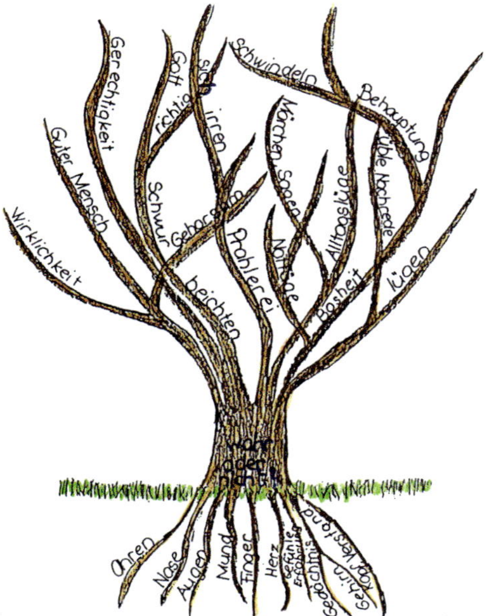


Wer oder was sagt mir, ob etwas "wahr" ist?

**Mit Hebammenfragen zu den Wörtern wahr, wirklich, wahrhaftig, wahrscheinlich** ging die Untersuchung in einer weiteren Stunde zum Wahrheitsthema weiter:

- Wie unterscheiden sich diese Begriffe? Was sind ihre Gegenteile?
- Was sind subjektive, was objektive Wahrheiten?
- Ist wirklich alles wahr, was wir sehen? Und was ist mit optischen Täuschungen?
- Ist alles wahr, was geschrieben oder gesagt wird? Es könnte sich ja auch um einen Irrtum oder gar ein Lüge handeln!
- Kann eine Geschichte wahr sein, obwohl sie nicht passiert ist?
- Wie können wir wissen oder herausfinden, ob etwas wahr ist?
- Stimmt es, dass wir alle einmal sterben werden?

Mit den letzten beiden Fragen wollte die Lehrerin den Kindern zeigen, wie wir alle – oft ohne uns dessen bewusst zu sein – immer wieder logische Schlüsse ziehen, um etwas zu «beweisen». Manchmal jedoch kommt es auch zu Fehlschlüssen, weil man sich nicht genau an die Gesetze der Logik gehalten hat.

Für einen **logischen Schluss** brauchen wir zwei Aussagen, die wahr sein müssen, damit wir daraus eine dritte wahre Aussage ableiten können. Dies nennt man in der Fachsprache «Syllogismus», und das Schulbeispiel dafür ist dies:

**Sokrates ist ein Mensch.**
**Alle Menschen sind sterblich.**
**Folglich: Sokrates ist sterblich.**

Nach diesem Muster kommt die wahre Aussage heraus, die wir alle auch für uns heutige Menschen gelten lassen: Da wir auch Menschen sind, werden auch wir sterben. Das ist logisch wahr, wenngleich niemand es empirisch beweisen kann.

Um zu zeigen, dass es auch zu Fehlschlüssen kommen kann, stellt man jeweils das folgende Beispiel dem ersten entgegen. Auch dieses beginnt mit zwei wahren Sätzen:

**Sokrates pfeift.**
**Eine Lokomotive pfeift auch.**
**Folglich ist Sokrates eine …**
**Lokomotive???**

Natürlich stimmt dies nicht. Aber woran mag es liegen? Versuchen Sie doch, den logischen Fehler zu finden!

Am häufigsten kommen Fehlschlüsse vor bei Verallgemeinerungen wie: «Alle Mädchen sind doof. Die finden immer nur Kleider interessant.» Oder: «Alle Jungs sind doof. Die haben immer nur Fussball im Kopf.» Es mag ja stimmen, dass viele Mädchen … /die meisten Jungs … Aber kann man damit «beweisen», dass Silvia oder Peter eben auch so sind?

Mit richtig angewandter Logik hat die Philosophie ein Instrument zur Verfügung, das auch einer unbeweisbaren Aussage zu grösstmöglicher Wahrscheinlichkeit verhilft, wie eben zum Beispiel der Behauptung, dass wir dereinst alle sterben werden. Zum Philosophieren mit Kindern jedoch braucht niemand zuerst ein Logikseminar besucht zu haben (obwohl dies vermutlich keinem schaden würde), aber immer wieder sollten wir die Kinder auffordern zu hinterfragen, ob ihre Behauptungen denn wirklich der Wahrheit entsprechen: Wie kommst du darauf? Wie kann man sicher sein, dass dies stimmt? Wie könnten wir herausfinden, ob etwas wahr ist und auf welche Art es vielleicht wahr sein mag? Gerade bei den religiösen Themen sind die Werkzeuge des kritischen Hinterfragens und differenzierten Begründens besonders wichtig. Und weil die existenziellen Fragen uns alle ein Leben lang betreffen, sollten wir dafür sorgen, dass schon die kleinen Philosophen und Philosophinnen zu Hause oder im Unterricht – nicht nur im Fach Religion – Gelegenheiten zum gemeinsamen Nachdenken und Diskutieren erhalten.

## *Sokrates: «Wir haben die Wahrheit gesucht ... Wir haben sie nicht gefunden ... Morgen sprechen wir weiter.»*

Drei Beispiele mögen nun noch zeigen, wie kleine und grössere Kinder mit dem Thema Wahrheit bei religiösen Fragen umzugehen imstande sind:

- **Wer hat Recht?,** fragen sich «7 blinde Mäuse» in Ed Youngs Bilderbuch (Beltz & Gelberg 2007) in einer zweiten Grundschulklasse.
- **Wie könnten die wissenschaftlichen Erkenntnisse und mythische Berichte über die Entstehung der Welt zusammenpassen?** Dies untersuchten und diskutierten ein paar Teenager in einem Begabtenförderprojekt.
- **Wie, wer oder was ist Gott?,** überlegt sich das Kind Rahel als nun erwachsene Frau und Lehrerin anhand einer Kinderfrage aus eigenen Kindertagen.

### Was ist wirklich wahr?

*«Was ist das rätselhafte Ding am Teich? Sieben blinde Mäuse ziehen aus, um das Geheimnis zu lüften. ‹Das ist eine Säule›, sagt die rote Maus.*
*‹Das ist eine Schlange›, ruft die grüne Maus. ‹Nein, das ist ein Speer›, entgegnet die gelbe Maus.»*

Oder ist es doch ein Elefant, wie das die weisse Maus, die nach den 6 regenbogenfarbenen Mäusen zuletzt zum Teich geht, erklärt?

Das seltsame Titelbild von **Ed Youngs** Bilderbuch **«7 blinde Mäuse»** gibt den Anlass, mit Kindern zuerst einmal über Farben, Licht und über die Entstehung des Regenbogens zu sprechen: Aus weissem Sonnenlicht ergeben sich die sechs sichtbaren Farben, die in der Geschichte je einer Maus zugeordnet sind. Auf diesem Bild sind sie zwar alle schwarz – vielleicht um anzudeuten, dass wir alle genau wie sie im Dunkeln tappen, wenn es darum geht, etwas (für die Mäuse und uns) Unbekanntes, Unsichtbares, Grosses erkennen zu wollen. Und weshalb geht wohl die weisse Maus, die als Einzige den Elefanten von allen Seiten her erforschen wird, ausgerechnet am *Sonn*-tag zum Teich? An jedem Wochentag versucht es vor ihr eine der anderen Mäuse und bringt jeweils eine «Wahrheit» in ihrer eigenen Farbe zurück: eine *rote* Säule (sie hat das Bein des Elefanten abgetastet), eine *grüne* Schlange (sie war beim Rüssel) oder eben einen *gelben* Speer (Stosszahn) und so weiter.

Ed Young erzählt mit den blinden Mäusen eine berühmte Legende nach, die man Buddha zuschreibt: Ein indischer König habe einst die Blinden seines Reiches im Palastgarten zusammenkommen lassen. Dort habe er ihnen dann einen Elefanten gezeigt mit der Frage, worum es sich hier handle. Da jeder der Blinden einen anderen Teil des Tieres zu fassen bekam, gerieten sie in Streit darüber, wessen Antwort denn nun die «wahre» sei. Der König indessen soll sich nur kopfschüttelnd gewundert haben über die dummen Kämpfe der Blinden.

Die bunten Mäuse streiten sich zwar zuerst auch (was die Kinder lustvoll und mit vielen Argumenten nachspielen), doch dann erklärt ihnen die weisse Maus, dass sie alle in gewisser Weise Recht hätten, lautet doch die «Mäuse-Moral» am Ende:

***«Wissen in Teilen macht eine schöne Geschichte, aber Weisheit entsteht, wenn wir das Ganze sehen.»***

Für meine **Zweitklässler/-innen** zeichnete ich einen zwei Meter grossen Elefanten an die Wandtafel, den ein Kind nach dem andern «blind» tastend (regenbogenfarbene, durchsichtige Tücher verdeckten ihre Augen) erforschte. Wenn die «Maus» dann jeweils zurückkam, verkündete sie den andern ihre Erfahrung. *«Das ist eine Säule!»*, sagte die rote Maus, und im Chor wollten alle andern wissen: *«Warum?»* Darauf schilderte die rote Maus wortreich ihre «Tast»-Erfahrungen. Doch schon bald begann der «Streit», weil die vorgebrachten Argumente nicht zusammenpassen wollten: *«Das war überhaupt nicht weich!»*, behauptete etwa die gelbe Maus, die den Stosszahn ertastet hatte, während die grüne Maus auf ihrer Schlange beharrte, die sich sogar gewunden habe ...

Ein Kind, das die weisse Maus spielte, hatte von zu Hause weisse Handschuhe mitgebracht und krabbelte nun mit seinen weissen Fingerchen der ganzen Elefanten-Silhouette entlang. Dann streckte es den Zeigefinger in die Höhe und verkündete wie die Maus in der Geschichte: *«Ah! Jetzt verstehe ich! Es ist fest wie eine Säule, geschmeidig wie eine Schlange, scharf wie ein Speer ...»*

Eine einzige Hebammenfrage genügte nach diesem Spiel, um das Philosophieren über Wahrheit in Gang zu bringen: Wer hat denn nun Recht? Und warum?

Buddha hatte die Legende wohl auf die verschiedenen Religionen bezogen, vielleicht auch auf das Gottesbild, das sich die Menschen machen, obwohl sie diesbezüglich doch eigentlich alle «blind» sind. Sicher ist, dass wir mit den Kindern daraus lernen können, wie die Beschreibung eines vermeintlich objektiv zu erkennenden Dinges immer auch von der Person, die es betrachtet, beziehungsweise von deren Perspektive, abhängt. Diese Erkenntnis mag sodann zum Beispiel auch helfen zu verstehen, warum es so viele verschiedene Geschichten gibt über die Entstehung unserer Welt und des Lebens darauf.

### Woher kommt die Welt?

In einem Unterrichtsprojekt mit **Kindern zwischen zehn und zwölf Jahren** erarbeiteten wir über längere Zeit einen Lehrpfad mit Schautafeln, auf denen die Entstehung unserer Welt und des Lebens aus wissenschaftlicher Sicht dargestellt wurde. Die Kinder lernten, wie sich nach vielen Millionen von Jahren die Erde endlich so weit abgekühlt hatte, dass der fallende Regen nicht gleich wieder verdampfte. Nun konnten sich Ozeane bilden, in denen nach weiteren Jahrmillionen irgendwann das erste Leben entstand. Weiter verfolgten sie die Entwicklung der Lebewesen im Wasser, lernten die zunehmende Vielfalt der Pflanzenwelt kennen und zeichneten Tiere, die schon vor Urzeiten die Erde bevölkert hatten, und solche, die erst später gelebt haben können.

Natürlich gefiel ihnen besonders die Zeit der Dinosaurier, und sie staunten, weil die Menschen erst ganz zum Schluss des Lehrpfades endlich auch eine Schautafel erhielten. Parallel zu diesen naturwissenschaftlichen Studien lasen wir humorvolle und tiefsinnige, poetische Kinderbücher und mehrere Schöpfungsgeschichten von Religionen aus der ganzen Welt, und wir philosophierten über die Frage, wieso es wohl so unterschiedliche Mythen gibt. Als Abschluss des Projektes verglichen wir die beiden Schöpfungsgeschichten der Bibel (Genesis 1 und 2) und stellten fest, dass der erste der beiden Berichte mit den sieben Schöpfungstagen eigentlich in etwa den Abschnitten unseres Lehrpfades entsprach. Nur handelte es sich bei diesem natürlich um viel, viel grössere Zeitspannen. *«Ach, wissen Sie»*, erklärte darauf eins der Mädchen, *«Gott ist doch so viel grösser als die Menschen, dann sind sicher auch seine Tage viel, viel länger!»*

Ausschnitte aus dem philosophischen Gespräch über die Entstehung der Welt und des Lebens:

**Wie kommt es wohl, dass es so unterschiedliche Geschichten gibt, die vom Anfang der Welt erzählen?**

- *Also es kann ja niemand beweisen, dass es so gewesen war, wie er es sagt. Dann könnte ich auch etwas herausfinden und vielleicht würden es auch ein paar Leute glauben.*
- *Es gibt ja auch andere Religionen und so. Dann haben wahrscheinlich alle eine andere Geschichte.*
- *Und es glaubt einfach jeder anders, eben so, wie es der andere erzählt.*

Wer ist der andere?

- *Ja einfach andere Menschen oder andere Religionen.*
- *Vielleicht glauben Wissenschaftler nicht an Gott und wollen nun einen anderen Anfang, damit sie Recht haben.*

Dann gibt es Konkurrenz zwischen der Wissenschaft und denen, die an Gott glauben?

- *Wir haben ja eine Geschichte gelesen, die noch viel länger her ist. Und dort gab es doch noch gar keine Wissenschaft. Und da haben sich das die Menschen eben anders gedacht.*
- *Die Bibel hat ja eigentlich nur beschrieben, dass die Welt so entstand, wie es P. gesagt hat, aber beweisen, dass es genau in diesem Ablauf war, das kann man gar nicht. Darum denke ich, könnte ja jeder einen anderen Kreislauf oder Anfang erzählen.*

**Was könnte denn an all diesen Geschichten «wahr» sein?**

Ich habe wahr in Anführungszeichen geschrieben, weil es vielleicht nicht so klar ist, was «wahr» überhaupt heisst. Wie denkt ihr darüber?

- *Ich glaube, dass es Jesus einmal gegeben hat, aber ich glaube nicht, dass Gott die Menschen so aus Lehm machte und ihnen den Atem einhauchte.*

Und warum glaubst du nicht, dass Gott den Menschen so erschaffen haben könnte?

- *Das tönt für mich, als ob es einen Hexenmann gegeben hätte, der zaubern konnte. Das finde ich einfach unlogisch.*

Welcher Anfang kommt euch denn so vor, wie es wirklich gewesen sein könnte?

- *Mir kommt der Anfang so vor, wie wir es beim Lehrpfad gemacht haben, weil das für mich eigentlich am natürlichsten wäre. Ich glaube schon, dass Gott das geschaffen hat. Aber ich würde sagen, dass Gott das eben so gemacht hat, dass es sich auch selber weiterentwickeln konnte.*

Meint ihr denn, dass das, was wir auf unserem Lehrpfad durch die Erdgeschichte herausgefunden haben, wirklich wahr ist? Auf welche Art könnte es wahr sein?

- *Es könnte ja sein, dass Gott das in dieser Reihenfolge gemacht hat. Also dass er zuerst Wasser ..., also zuerst vielleicht die Explosion und danach langsam die Vulkane und dann die kleinen Tierchen und dann immer grössere machte, und nachher hat er ein wenig gewartet, damit sich die Tiere auch weiterentwickeln konnten. Und dann hat er zum Schluss den Menschen gemacht. Vielleicht einfach in dieser Reihenfolge.*
- *A. sagte ja, Gott hat es vielleicht so gemacht, dass es sich auch selber entwickeln kann. Vielleicht hat es Gott einfach so gemacht, wie wir es auch bei der Zeittafel machten, und dann haben sich die Sachen, die er gemacht hat, weiterentwickelt. Es hat ja früher Tiere gegeben, die es heute nicht mehr genau gleich gibt. Vielleicht hat es unsere Tiere erst später gegeben.*
- *Es gibt ja auch die Theorie vom Urknall und so. Irgendetwas muss diesen Urknall ausgelöst haben. Und vielleicht ist das ja Gott gewesen, der die Welt erschaffen wollte, und so hat irgendwie gerade das ganze Universum angefangen.*
- *Und danach ging es dann vielleicht so, wie J. gesagt hat, so in der Art des Lehrpfades, dass Gott alles nach und nach irgendwie machte. So könnte eigentlich beides wahr sein.*

**Beides könnte wahr sein? Wie soll das gehen?**

- *Ich glaube, dass beide, die wissenschaftliche und die biblische Geschichte, wahr sein könnten. Und ich glaube, die haben sich in einer gewissen Zeit einmal vereinigt und dass beides ein bisschen zusammenstimmt.*

Kannst du mir ein Beispiel sagen, wo etwas zusammenstimmt?

- *Ich glaube, dass die Einzeller die Menschen erschufen und dass die Einzeller auch etwas mit dem Ozon zu tun haben. Das haben sie auch mit der Energie der Sonne gemacht.*

Du denkst also, dass es nicht zuerst die Menschen gab und dann die Einzeller?

- *Ja, dass es zuerst die Einzeller gegeben haben muss. Weil Sie ja gesagt haben, dass wir ganz mega-*

*kleine Sachen (Zellen) in unserer Haut haben, die alles zusammenhalten. Und ja, deshalb glaube ich, dass es zuerst die Einzeller gab.*

- *Ich denke auch, dass es zuerst die Einzeller gegeben hat. Weil wir ja eine ziemlich grosse Entwicklung sind. Ich meine, wenn zuerst der Mensch gewesen wäre und danach die Einzeller, also, das klingt für mich ziemlich unlogisch.*
- *So richtig Tier kann man den Einzellern aber auch nicht sagen. Vielleicht sind ja zuerst die Einzeller da gewesen und haben sozusagen geholfen, den Menschen zu bauen. Und danach die richtigen Tiere.*
- *Also, ich denke eigentlich genau das Gleiche wie G. Wir sind gross und dann ist es eben unlogisch, wenn aus uns wieder etwas Kleineres wird. Irgendwie ist es für mich logischer, wenn aus kleinen Sachen zusammen etwas Grösseres wird.*

Aber dann müsste der Elefant ja nach uns entstanden sein. Dann dürfte es keine Mammuts geben, die man im Eis der Eiszeit fand. Wenn es nur die Grösse wäre. Oder meinst du mit Grösse vielleicht noch etwas anderes?

- *Ich glaube, es ist nicht einfach wegen der Grösse. Es ist noch wegen ... einfach ... wegen etwas anderem. Ich kann jetzt nicht sagen wegen was ...*

Das Gespräch ging noch eine gute halbe Stunde weiter in dieser Art, die wissenschaftlichen und die mythischen Aussagen zu vergleichen. Mittels eigener Überlegungen suchten die Kinder nach möglichen Übereinstimmungen und Widersprüchen bis zu dem Punkt, wo Einigkeit zumindest darüber bestand, dass Gott ja schiesslich die Evolution veranlasst haben könnte und dass die Wissenschaftler jetzt eben nur entdeckt hätten, wie sie funktioniert.

Zum Abschluss fragte ich dann die Kinder noch, was wohl das Anliegen der Wissenschaftler und der Bibelverfasser gewesen sein könnte, als sie die Entstehung der Erde beschrieben. Einem der Buben fiel auf, dass die Wissenschaft nie davon sprach, ob etwas Entstandenes auch «gut» sei. Die Forscher würden wohl eher nur die Fakten liefern. In der Bibel aber stünde doch nach jedem Schöpfungstag «Und Gott sah, dass es gut war»!

**Und was gefällt euch denn besonders gut an unserer Erde?**

- *Die vielen Tiere!*
- *Der coole Wald! Und die tollen Herbstfarben, die wir dieses Jahr hatten!*
- *Mir gefallen besonders die Schmetterlinge!*
- *Und mir die Wasserfälle und all die wunderbaren Blumen, die ich einmal auf Bali gesehen habe ...*

## «Warum sehen wir Gott nicht?»

Meine Nichte Rahel hat bereits als Siebenjährige für mich «philosophiert», als ich 1991 mein erstes Buch zur Kinderphilosophie, «Die kleinen Philosophen», schrieb. Wer das (vergriffene) Buch kennt, erinnert sich vielleicht an den «Löffelvogel», den Rahel damals gezeichnet hatte. Auch stellte sie mir einmal die Frage: Gehören die Engel alle dem lieben Gott? Für mein zweites Buch, die «Philosophische Reise», hat sie als 14-Jährige ihre eindrücklichen Gedanken über «die Welt hinter dem Spiegel» aufgeschrieben, nachdem sie das wunderbar philosophische Buch von Jostein Gaarder über ein todkrankes Mädchen und seine Gespräche mit einem Engel gelesen hatte: «Durch einen Spiegel, in einem dunklen Wort.»

Heute ist Rahel eine aufgestellte junge Grundschullehrerin, und ich habe sie angefragt, wie sie denn nun als Erwachsene mit der folgenden Kinderfrage umgehen würde: Warum sehen wir Gott nicht? Hier ihre Antwort:

*Du hast mir den Auftrag gegeben, als nun erwachsene Philosophin mir zu jener Frage Gedanken zu machen. Ein Ding der Unmöglichkeit! Würde ich dies probieren, kämen die Antworten viel zu fundiert und verkrampft heraus. Als Erwachsener fühlt man sich ständig mit anderen verglichen, man hat schon längst gelernt, dass es ein Richtig und ein Falsch gibt, und ist dementsprechend eingeschränkt und gehemmt. Als Kind wurde ich ständig dazu ermutigt, mir zu allem Möglichen oder halt auch Unmöglichen Gedanken zu machen, und meine philosophischen Antworten wurden nie bewertet. Diese Freiheit habe ich sehr geschätzt, und deshalb fiel mir das Philosophieren auch immer leicht. Übrigens, danke!*

*Da mein ganzer philosophischer Schatz (all diese Gedanken und Zusammenhänge, die sich in den letzten 20 Jahren angesammelt haben, wieder verworfen und Jahre später dann doch wieder aufgegriffen wurden) seine Anfänge in meiner Kindheit hat, muss ich natürlich das eigene Kind in mir wieder suchen (also, die Suche erübrigt sich eigentlich, denn es ist sowieso sofort zur Stelle) und auf den kindlichen Gedanken von damals aufbauen. Sonst müsste ich ja wieder bei null anfangen.*

*Anna erklärt im Buch von Fynn «Anna schreibt an Mister Gott» (1987 Scherz Verlag) schon ziemlich klar, warum wir Gott nicht sehen: Gott sieht nicht aus. Gott sieht einfach gar nicht aus. Sonst würde er uns mit seinem Aussehen nämlich alle erdrücken.*

Diese Vorstellung hat mir als Kind (ich war vielleicht neun) ziemlich eingeleuchtet. Meine Mutter hat Annas Gedanken weitergesponnen: «Stell dir vor, Gott ist so gross wie ein Mensch und du bist so gross wie ein Käfer. Wenn du jetzt als kleiner Käfer auf dem grossen, grossen Körper von Gott sitzt, bist du ihm zwar so nahe wie nie und du kannst ihn spüren, aber trotzdem nicht sehen. Du siehst höchstens das ganz feinmaschige Gewebe seines T-Shirts.» O.k., das mit dem T-Shirt hat Mami nicht gesagt. Aber das war meine bildliche Vorstellung von mir als kleinem schwarzem Käfer und Gott mit einem auberginefarbenen Polo-Shirt. Denn: Wo sind die Käfer? Im Wald natürlich! Und was hat ein Mann (vor meinen feministischen Anflügen war Gott für mich natürlich noch männlich) im Wald verloren? Es ist ein Sonntagnachmittag im Juni, der Mann ist auf einem Familienfest beim Waldhaus, in der einen Hand ein Bier und mit der anderen wendet er die Würste auf dem Grill. Der Typ riecht dementsprechend nach Bier, Mückenmittel und Schweiss (er ist natürlich fettleibig, weil er sich nur von Würsten ernährt). Diese neue Vorstellung von Gott, die plötzlich vor mir auftauchte, gefiel mir gar nicht. Brrr! Wahrscheinlich hat da der kleine Käfer seine Flügelchen ausgebreitet und Reissaus genommen. Auf der Suche nach einem besseren Gott. Denn einen guten Gott musste es geben. Den wollte ich. Einen Gott, den man gern haben kann. Ich wusste auch, dass er nicht plötzlich auftauchen würde, sondern dass man ihn halt selber suchen oder sich zusammenbasteln musste.

Ich bin immer noch am Basteln.

Langsam nimmt er Form an. Oder auch nicht. Eben erst recht nicht. Die Vorstellung, dass Gott als gasförmige Gestalt oder als Energie auf der Erde, im Himmel, im Universum, ja, überall ist, hat sich in den letzten Jahren bei mir als ziemlich feste Überzeugung etabliert. Die Vorstellung, dass er so überall sein und sich ausbreiten kann, gefällt mir. Somit können wir ihn sogar einatmen, über die Bronchien in unsere Blutbahnen weitergeben und wieder ausatmen. Das nenn ich mal eine Reinigung durch und durch!

Dank dieser Erklärung mit der Luft leuchtet uns auch ein, weshalb man sagen kann, Gott ist in jedem Baum und in jedem Tier.

Mit Gott als Gas in der Luft kann man nach Belieben eine grössere oder kleinere Portion von ihm einnehmen, je nach Atemzug. Manchmal ist er kalt, manchmal drückend heiss, manchmal riecht er nach einem Frühlingsregen oder nach heissen Kastanien. Gott kann uns somit nahe sein, sehr nahe. Er sitzt zwischen meinen Zehen, bläst durch meine Locken oder befindet sich in dem winzig kleinen Zwischenraum unterhalb meines Nackens. Nämlich da, wo das T-Shirt wegen der eingenähten Etikette etwas von der Haut absteht.

Wenn man sich das so vorstellt, ist es eigentlich ganz schön zu wissen, dass man ständig so viele göttliche Streicheleinheiten bekommt.

Die Idee mit der Teilung habe ich mir auch schon überlegt. Gott ist aufgeteilt auf x Milliarden Menschen-, Tier- und Pflanzenkörper. In jedem steckt etwas von ihm drin. Schon möglich. Aber irgendwie kann ich mich mit dem Gedanken, dass man sich Gott als zerstückeltes Etwas in abertausend Seelen auf dieser Welt zusammensuchen oder -denken muss, nicht recht anfreunden. Gott wäre so zu weit weg. Und nicht greifbar, fühlbar, höchstens erahnbar. Und in was für Portionen haust er in den verschiedenen Seelen? Ganz klein bei der Ameise, weil da weniger Platz ist als in einer Kuh? Oder kann man es sich so physikalisch nicht erklären? Ganz klein bei einem skrupellosen Diktator und ganz gross bei einer lieben Grossmutter? Könnte dann Gott in einem drin wachsen, wenn man es zulässt? Weil man ein grosses Herz hat? Weil man mit Taten seine Güte beweist? Hmm...

Noch eine mögliche Erklärung, weshalb wir Gott nicht sehen: Uns fehlt der 6. Sinn. (Es könnte sich natürlich auch um den 7., 8. oder um den 34. handeln. Wer weiss, wie viele es davon gibt, wir aber nicht – nicht mehr oder noch nicht – besitzen.) Da unsere Wahrnehmung vor allem über den Sehsinn läuft und wir Menschen ausgesprochen visuelle Wesen sind, sind die anderen Sinne etwas abgestumpft. Deshalb kommt ja auch zuerst die Frage auf: «Warum sehen wir Gott nicht?» Wenige werden sich zuerst die Frage gestellt haben, warum wir Gott nicht hören. Oder spüren. Oder riechen. Oder schmecken. Wenn wir etwas nicht sehen, existiert es nicht! So tönt es doch immer!

Und der herrliche Duft einer Pizza? Glauben wir nicht an ihn, weil wir ihn nicht sehen? Na ja, ist ja auch nicht nötig, würden wir sagen. Wir können ihn ja mit unserer Nase wahrnehmen, und das genügt uns. Somit ist die Existenz des Pizzaduftes bewiesen. Abgehakt! O.k.! Weiter! Also folgern wir daraus, dass man Gott gar nicht sehen kann und muss, wenn er in der Gestalt eines Duftes auftritt. Wir riechen ihn und das reicht. Herrlich ist er allemal, der Pizzaduft! Wer verlangt da noch nach einem Aussehen?!

Vielleicht haben die Menschen Gott noch nicht erkannt, weil sie immer krampfhaft versucht haben, ihn zu erblicken. Nur leider haben wir noch nie nach ihm geschnuppert.

Wenn ich in eine Küche trete und ich rieche den himmlischen Duft einer frisch gebackenen Pizza, muss ich ja auch nicht zum Ofen eilen, um nachzuprüfen, ob da wirklich eine Pizza drinliegt. Ich glaube es sowieso. Hier brauche ich meine Augen gar nicht. Brauchen wir also wirklich unsere Augen, um zu wissen, dass Gott Gott ist?

Ist Gott nicht einmal wie ein Pizzaduft und mit gar keinem der uns zugestandenen Sinne zu erkennen, haben wir in unserem irdischen Leben leider Pech gehabt. Bleibt uns nur übrig, an Gott zu glauben oder mit den letzten Überbleibseln der paar abgestumpften Sinne, die einige Leute (ja, vielleicht sogar alle) offenbar haben, Kontakt mit Gott aufzunehmen und einfach mal anzuklopfen. Als Antwort kriegen wir sicher ein «Ja, hier bin ich!».

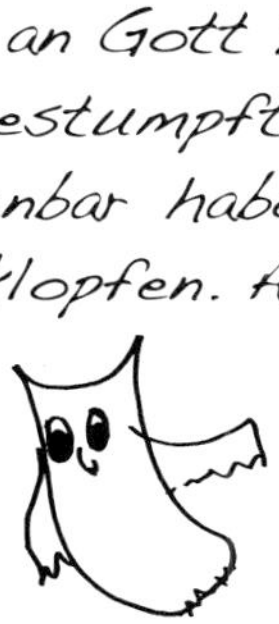

## Philosophische Kinder- und Jugendliteratur zu religiösen Themen

**Esther Bisset: Die Regenbogenschlange – Geschichten vom Anfang der Welt und der Kostbarkeit der Erde**
Zytglogge

**Helme Heine: Die Schöpfung – Eine musikalische Erzählung**
Beltz & Gelberg mit **Musik von Reinhard Seifried** auf CD

**Jürg Schubiger/Franz Hohler: Aller Anfang – Bilder von Jutta Bauer**
Beltz & Gelberg
Die zwei Dichter erzählen und mutmassen in 34 Hin- und Hergeschichten abwechselnd von der Schöpfung.

**Jostein Gaarder: Durch einen Spiegel, in einem dunklen Wort**
dtv Reihe Hanser
Die sterbende 14-jährige Cecilie begegnet ihrem Engel, der sie hinüber «hinter den Spiegel» begleitet. Die beiden sprechen über das Mysterium der Schöpfung und über den Tod.

**Gioconda Belli: Die Werkstatt der Schmetterlinge – Illustrationen von Wolf Erlbruch**
Peter Hammer Verlag
Ein sehr spezielle, tiefsinnige Schöpfungsgeschichte: die Erschaffung des Schmetterlings!

**Gudrun Pausewang: Ich geb dir noch eine Chance, Gott!**
Ravensburger *«Nina ist entsetzt: Wie kann Gott zulassen, dass eine unschuldige Katze überfahren wird?»*
Eine Geschichte zur Theodizee, für Kinder und Jugendliche gleichermassen geeignet.

**Heinz Janisch: Der König und das Meer – Illustrationen von Wolf Erlbruch**
Sanssouci
Von kleinen Königen und dem ganz grossen und noch ein paar weiteren ...
Wie viele Könige umgeben uns eigentlich täglich?

**Fynn: Hallo, Mister Gott, hier spricht Anna**
Scherz Verlag
Die fünfjährige Anna weiss genau, wie das ist mit Mister Gott, denn schliesslich ist er ihr bester Freund ...

# 9. Philosophieren heisst sterben lernen heisst leben lernen!

## Selber denken macht schlau – und vielleicht auch ein bisschen weise?

Es ist doch eine eigenartige Tatsache, dass wir Menschen uns scheinbar einfach nicht damit zufriedengeben können, jederzeit nur im Moment zu leben, so wie das die Tiere offenbar tun. Nicht nur Kinder oder Philosoph/-innen und Wissenschaftler/-innen möchten wissen, woher die Welt, woher das Leben und wir alle eigentlich kommen. Erst recht lässt die Aussicht auf unser eigenes Ende, den Tod und das Verschwinden aus der sichtbaren Welt, wohl niemanden kalt. Wir möchten verstehen, warum alles so ist, wie es ist, und ob irgendein Plan dahintersteckt. Wie sonst liesse es sich erklären, dass alle Religionen von etwas sprechen, das sich jenseits unseres physischen Lebens abspielt? Eine Wirklichkeit ohne zeitliche oder räumliche Beschränkungen, die unseren Sinnen kaum oder vielleicht überhaupt nicht zugänglich ist? Vielleicht eine göttliche und/oder teuflische «Meta»-Welt (meta: hinter, über)?

Etwas nicht zu verstehen, treibt uns Menschen offenbar an, zu fragen und zu suchen, so wie es Sokrates tat, der das Nichtwissen als Motivation für sein Philosophieren angab. Wie ist das mit der nicht sichtbaren «Welt»? Wer oder was ist Gott? Gibt es Engel wirklich? Was ist die Seele? Gibt es etwas Verborgenes hinter dem «Spiegel»? Eine jenseitige, für uns unsichtbare zweite oder gar dritte «Welt», wie sie Astrid Lindgren in ihrem Buch «Die Brüder Löwenherz» beschrieb? Und schliesslich bewegt die meisten spätestens von der Pubertät an die ganz grosse Sinn-Frage: Wozu leben wir eigentlich, wenn wir ja doch alle sterben werden?

Um mit solchen Fragen weiterzukommen, haben sich bereits damals in Athen die grossen Denker im Philosophieren geübt. In beinahe endlosen Gesprächen versuchten sie, sich mit Logos (Vernunft, Logik) und teils auch mit mythischen Vorstellungen jenen Antworten zu nähern, die ihnen ein selbstbestimmtes Leben zu ermöglichen schienen. Und genau dies ist auch das Ziel, das die Kinderphilosophinnen und -philosophen verfolgen: Kinder und Jugendliche sollen sich im Selberdenken genauso üben dürfen, wie sie das beim Lesen, Schreiben und Rechnen tun. Damit sollen sie zu eigenen Antworten und tragfähigen Überzeugungen finden lernen.

### *«Gott sieht nicht aus»,*

aber wenn man anklopft, bekomme man sicher die Antwort: «Ja, hier bin ich!» Davon zeigte sich Rahel, die junge Frau im vorherigen Kapitel, überzeugt. Im Laufe der Jahre hat sie sich immer wieder mit der Gottesfrage auseinandergesetzt und offenbar Erfahrungen machen können, die ihr diese Gewissheit gaben. Ihr Gottesbild – *ja!* man/frau/kind *darf* sich ein Bild, eine eigene, immer wieder erneuerbare Vorstellung von dem machen, was man bereit ist, «Gott» zu nennen! –, dieses Gottesbild ist ihr eine Stütze für das tägliche Leben, für ihre Arbeit, für ihre Art, das Leben zu meistern. Solange sie sich bewusst ist, dass es sich um eine individuelle Glaubenswahrheit handelt, die jeder Mensch nur für sich selber erlangen kann, solange scheint mir ihre Einstellung dem Unsichtbaren gegenüber völlig in Ordnung. Rahel erhebt ja nicht den Anspruch, dass eigentlich alle so denken müssen. Dass sie heute so denken und fühlen kann, hat – wie sie selber schreibt – viel damit zu tun, wie ihre Eltern auf sie eingegangen sind. Ein tragfähiges und doch wandelbares Gottesbild kann eigentlich nur dann entstehen, wenn ein Kind bereits in den ersten Lebensjahren das Urvertrauen entwickelt: In dieser Welt ist man gut aufgehoben. Hier kann man leben. Hier kümmert sich jemand liebevoll um einen, besonders auch dann, wenn man bereits als Baby die unangenehmeren Seiten des Lebens kennen lernt. Man spürt Hunger, Kälte, Bauchweh ... und schon bald auch allerlei Ängste. Da braucht man verlässlichen Beistand, um dies alles zu bewältigen. Und sobald man die ersten Warum-Fragen stellen kann, sind interessierte Gesprächspartner gefragt, welche die kindlichen Gedankenversuche ernst nehmen. So kann sich ein Kind nach und nach seine eigene Weltanschauung und ein Gottesbild aufbauen. Dazu ist aber die Bereitschaft der Erwachsenen notwendig, sich auf ehrliche Gespräche anstelle von einseitigen Belehrungen – auch wenn sie gut gemeint sind – einzulassen. Es ist wichtig, dass Eltern und Lehrpersonen nicht vorgeben, auf alle Fragen immer die «richtigen» oder besseren Antworten zu haben. Kinder brauchen Menschen, die zugeben, dass auch sie nicht alles wissen, die jedoch bereit sind, gemeinsam nach vielleicht möglichen Antworten oder zumindest einigen Erhellungen zu suchen. So kann ein Kind lernen zu philosophieren und sein Leben und Glauben selbstbestimmt anzupacken.

**Einige Beispiele und Tipps für Gespräche mit Kindern und Jugendlichen über die ganz grossen Fragen sollen mein Buch nun abrunden. Ich beginne nochmals bei den jüngsten Philosophinnen und Philosophen.**

### Wohin geht das Bauchweh, wenn es weggeht?

*«Ich habe Bauchweh»*, klagt die fünfjährige Sina vor dem Zubettgehen. Mama möchte das Kind trösten und erwidert: «Das geht sicher bald weg.» Ganz interessiert fragt darauf die Kleine: *«Wo geht es denn hin, wenn es weggeht?»* Hoppla! So schnell kann es geschehen, dass schon kleine Kinder grosse Fragen aufwerfen! Hoffen wir, dass die Mutter merkt, dass sie hier – anstatt nun eine Gutenachtgeschichte zu erzählen – ein herrliches «philosophisches» Gespräch anzetteln kann! Doch was soll daran denn philosophisch sein? Und wie würde man so ein Gespräch überhaupt führen? In meinen Philosophier-Kursen frage ich jeweils zuerst die Eltern, Omas oder Kindergärtnerinnen, wie sie reagieren würden auf die Bauchweh-Frage, und oft gibt es dann schon einiges zu schmunzeln: Von «Es verschwindet einfach wieder» bis zu «Setz dich aufs Klo, dann kannst du es runterspülen» werden allerlei Vorschläge gemacht. Wer schon von der Kinderphilosophie gehört hat, greift vielleicht zum Tipp Nummer eins: Zurückfragen!

**«Was denkst du denn, wohin es gehen wird?»**

Wie schon beschrieben, lohnt es sich bei vielen Kinderfragen, zuerst einmal gar nichts zu erwidern, sondern vielleicht mit einem gedankenvollen «Hmm ...» Zeit zu gewinnen. Nicht selten kann es geschehen, dass wir mit einer schnellen Antwort an der eigentlichen Frage eines Kindes vorbei reden. Es könnte doch zum Beispiel sein, dass dem Bauchweh irgendein Kummer zugrunde liegt, und den kann man selbst mit einem witzigen Spruch nicht so einfach aus der Welt schaffen. Oder die kleine Sina möchte ganz einfach, dass Mama noch ein wenig am Bettrand sitzen bleibt und sich mit ihr beschäftigt. Oder vielleicht waren die Spaghetti zum Abendessen ja wirklich nicht das Ideale zum Einschlafen, oder ..., oder ... Oder Sinas Frage hat eigentlich gar nichts mehr mit ihrem Bauchweh zu tun, sondern Mama hat eine Redewendung benutzt, die das Kind so nicht kennt: «weggehen» heisst für Sina, dass Mama bald aus dem Zimmer «weggehen» – und ihr dann fehlen – wird. Vielleicht spinnt Sina den Gedanken dann so weiter: Aber wenn das Bauchweh einfach aus dem Zimmer ginge, würde es womöglich dort auf Sina warten! Oder wenn es sich vielleicht ein anderes Opfer suchen würde und plötzlich Mama dann dieses Bauchweh hätte? Dann sollte es schon besser das Klo hinuntergespült werden, aber mindestens dreimal, damit es nie mehr zurückkommt.

War das jetzt «Philosophieren»? Nein, nicht wirklich, aber immerhin hat das Kind eigene Gedanken produziert, und Mama hat hoffentlich inzwischen den Hintergrund von Sinas Frage besser verstanden und nutzt dann die Gelegenheit, den Wortschatz ihrer Tochter erweitern zu helfen, indem sie Sina erklärt: «Ach so, jetzt versteh ich deine Frage! Nein, so hab ich es natürlich nicht gemeint, sondern ich dachte einfach, dass dein Bauchweh verschwinden werde, als ich ‹weggehen› sagte ...» – *«Und wie bitte sollte es einfach verschwinden, ich spüre es doch noch immer in meinem Bauch?!»* Wenn Mama jetzt leicht irritiert erwidert: «Verschwinden, weggehen, das ist doch dasselbe!», dann hat sie, vermutlich noch ohne es zu realisieren, selber den ersten Schritt ins Philosophieren getan. Sie hat sich irritieren lassen: Stimmt das eigentlich, was ich da behaupte? Verschwinden und weggehen, nicht dasselbe? Vielleicht nicht, denn wozu hätten wir sonst zwei verschiedene Wörter?

**Mit solchem Staunen und dem Sichwundern beginnt das Philosophieren. So sagten es schon die alten Griechen. Wenn man die Sache dann genauer unter die Lupe nimmt, kommt das eigentliche Philosophieren in Gang.**

Nun können Mutter und Kind gemeinsam nach Unterschieden suchen und Beispiele von Dingen aufzählen, die «weggehen» und von anderen, die «verschwinden». Welche existieren weiter, wie Mama, wenn sie gerade am Einkaufen ist und Sina zu Hause gelassen hat? Welche dagegen gibt es nicht mehr, wenn sie aus den Augen, aus dem Sinn verschwunden sind? Ist der fehlende Lieblingsteddy weggegangen oder verschwunden? Gibt es das Gespenst im Kinderzimmer, das Sina gestern noch gesehen hat, auch jetzt noch, obwohl es verschwunden ist, weil Mama nun da ist? Und wie ist das mit dem Glück, das ich gestern empfunden habe? Kommt das heute vielleicht wieder zurück? Und wo war es in der Zwischenzeit? Seine Angst, so erzählte ein Kindergartenkind, sei in den Himmel hinaufgeflogen, und dort renne sie immer hinter sich selber her und mache sich selber Angst. Es gibt sie also weiterhin, aber zum Glück ist sie so beschäftigt, dass sie sicher nicht zum Kind zurückkommen wird, oder?

Aber warum gibt es überhaupt so etwas «Blödes» wie Angst? Oder wie das verflixte Bauchweh? Wenn die ursprüngliche Frage in diese grundsätzliche Richtung zielte, dann war es tatsächlich eine sehr grosse Frage, die sich eben zum «richtigen» Philosophieren anbietet. Das gedachte Gespräch würde nun vollends philosophisch, weil jetzt nicht nur die philosophischen «Werkzeuge» *(hinterfragen, begründen, Begriffe untersuchen, differenziert argumentieren, fantasieren und logisch überlegen)* darin vorkämen, sondern auch das Thema (oder der Inhalt des Denkens) sich den grossen Fragen aller Menschen näherte: Was ist *überhaupt* Angst, warum muss *man eigentlich* Schmerzen bekommen, warum ist nicht *immer alles* gut? Beim Philosophieren geht es eben nicht nur um das einzelne Kind mit seinem individuellen Bauchweh, sondern ums *Prinzipielle*, das allen Menschen widerfahren könnte und worauf es keine allgemein gültige, klare Antwort geben kann: Was ist Schmerz, warum müssen Menschen leiden, ist das Zufall oder Schicksal? Steckt vielleicht ein Gott oder ein Teufel dahinter?

Mit etwas Glück – und Grosszügigkeit von Mama, was die Bettzeit betrifft – kämen die beiden nach diesem Anfang vielleicht auf weitere grosse philosophische Themen zu sprechen, zum Beispiel auf Fragen zur Seele oder zum Tod. So möchte Sina vielleicht plötzlich wissen, ob der Opa wirklich im Himmel sei, weil ... Sie war doch dabei gewesen, als man ihn in die Erde gelegt habe, und sicher könne es doch den Opa nicht doppelt geben, oder? Und stimmt es, dass Opa «von uns gegangen» ist? Wenn man tot ist, kann man doch gar nicht mehr gehen, und doch ist er aus Sinas Leben verschwunden!

Wieder gibt es ein – wie ich meine – zu Recht preisgekröntes Bilderbuch, das ich Sinas Mutter empfehlen würde: **Amélie Fried und Jacky Gleich: Hat Opa einen Anzug an?** (Hanser 1997)

Ein etwa fünfjähriger Bruno erlebt darin, wie sein Opa aufgebahrt in der Stube liegt und später dann beerdigt wird. Viele Fragen beschäftigen den Kleinen über Wochen und Monate, die von den Eltern teils hilfreich, teils aber auch hilflos beantwortet werden. Mit starken, dem Thema entsprechend etwas düsteren Bildern, aber auch mit feinem Humor erzählen die Autorinnen, wie sich Brunos Wut über den Verlust des Grossvaters allmählich in Trauer verwandelt, die Brunos Verwirrung auch wieder heilen kann.

Die Fragen, die Bruno stellt, scheinen mir sehr typisch und authentisch für ein Kind seines Alters, und Eltern finden viele geeignete Stellen, um mit ihrem Kind über diese Fragen nachzudenken und zu sprechen.

## Mit Kindern und Jugendlichen über Tod und Trauer philosophieren?

Aber ist es wirklich sinnvoll, selbst über so schwierige Themen wie den Tod mit Kindern zu diskutieren? Bei einem Todesfall haben Eltern nämlich oft Bedenken, mit ihren Kindern darüber zu sprechen. Sie befürchten, den Kindern damit unnötig Angst zu verursachen oder sie zumindest zu verunsichern. Dabei übersehen sie, dass ein kleines Kind, das zum ersten Mal vom Tod eines Menschen erfährt, sich zunächst meist einfach wundert, noch ohne gleich stark emotional zu reagieren: Ist er wirklich tot? Er schläft ja nur! Darf ich ihn anfassen? Warum sieht er so anders aus? Was passiert jetzt mit dem Verstorbenen? Wann kommt der Opa wieder? Warum kommt er nicht zurück? Wo ist er denn jetzt? Kann ich ihn dort besuchen? Warum nicht?

Oft stellen Kinder auch ganz praktische Fragen, wie zum Beispiel jenes vierjährige Mädchen, das wissen wollte, wer ihm denn am nächsten Morgen das Frühstück machen werde, wenn doch die Mama tot sei. Es wäre ein grosses Missverständnis, anzunehmen, dieses Kind habe seine Mutter nicht geliebt! Es versteht bloss die Tragweite dieser Tatsache noch nicht und braucht deshalb vorerst einmal ganz praktische Auskünfte.

Für selber trauernde Eltern mag es schwierig sein, dem Kind jetzt solche Fragen zu beantworten; dennoch: Das Kind braucht sie und sollte weder vor den Tatsachen «verschont» werden noch darf man von ihm gleich Tränen erwarten. Selbst Trösten wäre meist noch nicht im Vordergrund, es sei denn, das Kind zeige ganz offensichtlich bereits zu diesem Zeitpunkt seine Trauer. Oft aber ist es die Trauer der Eltern und nicht seine eigene, die das Kind im ersten Moment stark beschäftigt. Es darf diese auch sehen und wird vielleicht sogar versuchen, seine Eltern zu trösten. Das alles ist ganz natürlich und braucht im Normalfall keine weiteren Massnahmen. Vielleicht ergeben sich sogar kleine philosophische Gespräche bei der einen oder anderen Frage.

Viel schwieriger aber sind Situationen, bei denen ein Kind oder eine ganze Klasse mit einem Unfalltod oder Schlimmerem konfrontiert ist. Was in so einem Fall notwendig ist, kann jedoch nicht ausführlich Thema dieses Buches sein, welches primär das Philosophieren beschreibt. In jeder Schule aber sollte für solche Fälle ein Handbuch zur Krisenintervention mit den wichtigsten Abläufen, Adressen und Anlaufstellen greifbar sein.

Philosophieren und Spekulieren rund um das Thema Tod ist grundsätzlich in jeder Schulklasse und sogar im Kindergarten möglich, wenn eine vertrauliche Atmosphäre herrscht und die Kinder sich gegenseitig gut akzeptieren und respektieren. Ich empfehle den Lehrpersonen aber, den Eltern mitzuteilen, welche Ziele sie mit einem Philosophie-Projekt über den Tod verfolgen, und sich vorgängig zu erkundigen, ob eines der Kinder gerade direkt von einem Todesfall im nahen Umfeld betroffen ist. Wenn dies der Fall wäre, müsste die Lehrperson unbedingt auch an die verschiedenen Gefühle denken, die damit verbunden sein können. Eigentliche Trauer ist nur eines davon. Man weiss, dass Kinder – und nicht nur sie! – manchmal auch mit Wut oder sogar Aggressionen auf einen Verlust reagieren, andere ziehen sich sehr zurück und verschliessen sich. In solchen Situationen wären dann eher psychologisches Einfühlungsvermögen und Verständnis gefragt, und das Philosophieren müsste vielleicht auf einen späteren Zeitpunkt verschoben werden.

**Was ist die Seele? Wo geht sie hin?**

Dass es aber möglich ist, über das Thema zu philosophieren, ohne dass belastende Gefühle im Wege stehen, mögen die zwei folgenden Beispiele zum Thema Seele und Jenseits zeigen. Nicht über das «Weggehen» von Opa oder des Bauchwehs, sondern über den Verbleib einer Kerzenflamme, die man ausgeblasen hat, habe ich selber schon einmal **mit Elfjährigen** philosophiert. Die Stunde begann mit einem kleinen physikalischen Experiment:

Eine brennende Kerze stand in der Mitte unseres Stuhlkreises, und ich fragte die Kinder, was da eigentlich genau passiere. Ist es wirklich die Kerze, die brennt? Oder der Docht, wie die Kinder zu berichtigen versuchten? Oder brennt die Flamme? Aber was genau ist eigentlich eine Flamme? Wir einigten uns schliesslich darauf, dass es das verdunstende Wachs sei, das sich vor unseren Augen in die sicht- und spürbare Energie der Flamme verwandelte und dabei ein klein wenig Russ produzierte.

Nun blies ich die Flamme aus und fragte die Kinder: «Und wo ist sie jetzt?» Wie erwartet lautete die erste Antwort: *«Weg!»* – «Und wohin ist sie denn gegangen?» – *«In die Luft.» «Ins Zimmer.»* ... – «Seid ihr sicher? Gibt es sie denn überhaupt noch?» – *«Nein!» «Doch!»* – «Wie denn?» – *«Als Wärme!» «Als Erinnerung in uns drin!»*

Jetzt zündete ich die Kerze erneut an und fragte: «Ist das nun dieselbe Flamme?» Wieder waren die Meinungen geteilt und die Kinder überboten sich gegenseitig mit Argumenten. *«Es ist dieselbe Kerze, aber doch nicht dieselbe Flamme!»* – «Aber wenn es dieselbe wäre, dann müsste sie ja irgendwo weitergebrannt haben!» – *«Ja, im Streichholz.»* – «Aber das Streichholz brannte vorher ja gar nicht ...!» – *«Dann ist es doch eine neue Flamme!»*

«Machen wir noch ein anderes Experiment: Remo, würdest du bitte kurz vor die Türe gehen?» Mit fragendem Gesicht zottelte Remo davon. Als er weg war, fragte ich die Kinder: «Nun ist er nicht mehr hier, so wie vorhin die Flamme auch weg war. Was denkt ihr: Gibt es den Remo jetzt noch?» – *«Ja, klar. Er steht doch draussen!»* – «Bist du sicher? Ist jemand von euch anderer Meinung?» Nach ein paar Spässen waren wir uns einig und holten Remo zurück. «Hat es dich da draussen wirklich immer gegeben?»

Ich erzählte ihm, was wir besprochen hatten. Danach erklärte ich den Kindern, welche Absicht ich mit den beiden Experimenten verbunden hatte. «Vergleichen wir doch mal die Kerze mit einem Menschen. Wenn jemand stirbt, sagt man doch manchmal, sein Lebenslicht sei erloschen ...» – *«Dann ist die Kerze gestorben, als Sie sie ausgeblasen haben!»*, witzelte jemand. «Ja, genau! So könnte man es sagen. Die gelöschte Kerze wäre dann sozusagen der tote Mensch. Aber was wäre die Flamme?» – *«Vielleicht sein Geist?»*, schlug ein Mädchen vor. *«Oder die Seele?»*

Jetzt begann die **Begriffsarbeit!** Wie leichtfertig benutzen wir doch solche Wörter wie **Seele oder Geist**. Verstehen wir denn alle dasselbe darunter? Natürlich nicht! Deshalb sammelten wir in dieser Klasse zuerst die unterschiedlichen Vorstellungen. Sie reichten ungefähr von Gespenst bis Engel! Einig waren wir uns nur, dass die Seele etwas Unsichtbares sein müsse, vielleicht so etwas wie die Wärme der Flamme. Ein Kind meinte darauf: *«Wenn jemand tot ist, wird er doch auch ganz kalt, vielleicht eben weil die Seele ihn dann nicht mehr wärmt.»* «Ja, vielleicht», bestätigte ich und fügte bei, dass schon die ersten Philosophen in Griechenland die Seele mit dem gleichsetzten, was uns – oder ein Tier und sogar eine Pflanze! – lebendig mache. Aristoteles – den die Kinder schon beim Thema Freundschaft einmal kennengelernt hatten – habe sich die menschliche Seele sogar «dreistöckig» vorgestellt: Die einfachste Seele hätten die Pflanzen. Die nannte er lebendig oder eben «beseelt», weil sie wachsen, sich ernähren und sogar fort-«pflanzen» können. Auch die Tiere und die Menschen besässen diesen «vegetativen» (pflanzlichen) Seelenteil. Die Tiere und wir Menschen hätten jedoch zusätzlich einen «empfindenden» Seelenteil. Damit nähmen wir alle Gefühle wahr. Nur die Menschen, so dachte es sich Aristoteles, verfügten dann noch über ein drittes, oberstes «Stockwerk», nämlich den Geist, mit dem sie denken könnten. Und er meinte auch, dass einzig dieser Seelenteil nach dem Tod des Körpers weiterleben würde.

### «Und wie denkt *ihr* über das Weiterleben der Seele oder eben dieses Geistes?»

Ich will Ihnen nicht alle die spannenden Gedanken der Kinder verraten. Dafür folgen aber einige Hebammenfragen, mit denen Sie die eigenen Kinder oder Ihre Schülerinnen und Schüler einmal zum Philosophieren einladen könnten. Eine meiner Studentinnen hat nämlich genau dies versucht, als sie in einer vierten

Klasse mit den Kindern über die Ägypter und deren Götter sprach. Sie liess in einer selbst verfassten Geschichte Phiobs, den Pharaonen-Sohn, die ebenfalls dreigliedrige, aber viel ältere Seelenvorstellung dieses Volkes erklären: Mit «Ka» sei eine Art Schutzgeist oder körperloser Doppelgänger gemeint, der uns das ganze Leben lang begleite und uns die Lebenskraft gebe. «Ba» hingegen beinhalte unsere Charaktereigenschaften oder unsere Persönlichkeit. Die dritte «Seele» heisse «Ach» und wache nach dem Tod über unser Grab und unseren guten Ruf bei anderen Menschen. Im Gegensatz zum logischen Versuch des Aristoteles, die Seele zu beschreiben, handelt es sich hier um eine Art mythischer Erklärung: Wir alle spüren unsere Lebenskraft (Ka), wir wissen um unsere Persönlichkeit (Ba), und es ist auch eine Tatsache, dass wir nach unserem körperlichen Tod in den Erinnerungen (Ach) anderer Menschen weiterexistieren. Der Kraft, der Individualität und dem Denken – lauter immaterielle, metaphysische (hinter oder über dem Physischen stehende) Elemente unseres Daseins – werden Bilder und Namen zugeordnet, so dass das Ungreifbare doch in gewisser Weise greifbar und damit verständlicher wird.

Mit Hilfe all dieser Seelenbilder und einer Vielzahl von **Hebammenfragen rund um das Thema Leben und Tod** liess die Studentin sodann die **Zehnjährigen** ihre eigenen Antworten suchen und – so gut es ging – auch begründen. Hier eine Auswahl ihrer Fragen an die Kinder:

- Wie denkt ihr über ein Leben nach dem Tod? Gibt es wohl so etwas? Wie vielleicht?
- Wie sähe so ein Jenseits vielleicht aus? Wie kommt ihr darauf?
- Wo könnte sich dieses Jenseits befinden? Gibt es wohl mehrere? Unterschiede?
- Wie stellt ihr euch einen Himmel vor, falls die Toten sich dort aufhalten würden?
- Glaubt ihr, es könnte auch eine Hölle geben? Kann man das wissen? Warum nicht?
- Was, denkt ihr, wird beim Übergang vom Leben in den Tod ablaufen?
- Was habt ihr schon davon gehört? Denkt ihr, dass dies stimmen könnte? Warum?
- Welcher «Seelenteil» erlebt vielleicht diesen Übergang? Was spricht für diese Vermutung? Was spricht dagegen?
- Können wir noch denken, wenn wir tot sind? Und fühlen? Was vermutet ihr und weshalb? Und wer wäre es dann, der denkt?
- Könnten wir vielleicht wiederkommen? Sogar mehrmals? Spricht etwas dafür?
- Kämen wir dann in derselben Gestalt wieder? Warum (nicht)?
- Gibt es etwa schon eine Art Leben vor der Geburt, vor der Zeugung?

Die Studentin hatte noch eine ganze Menge weiterer Fragen vorbereitet, zum Beispiel über den Tod in unserer Gesellschaft, über Beerdigung, über Ängste vor dem Tod oder zum Sinn des Sterbens. Dafür reichte die Zeit mit der Klasse natürlich nicht mehr aus. Sie hat ihre intensive Auseinandersetzung mit dem Thema aber bestimmt nicht umsonst gemacht, denn um Kindern bei so grossen Fragen auf fruchtbare Weise beistehen zu können, müssen wir selber gründlich über viele Aspekte des Themas nachgedacht haben.

Hätte man es **mit Jugendlichen** zu tun, liessen sich weitere Fragen über den Verbleib der Seele nach dem Tod diskutieren. Die meisten von ihnen haben in diesem Alter schon von «Seelenwanderung» oder «Wiedergeburt» gehört, wenn auch oft in sehr verkürzt wiedergegebenen Theorien. Deshalb würde ich noch vor dem Philosophieren einige religionskundliche Informationen zusammentragen lassen oder selber anbieten. Insbesondere müsste der Begriff der Seele genauer beleuchtet werden, da sich dieser in den östlichen Philosophien und Religionen – soweit es ihn dort überhaupt gibt – doch stark von den westlich-abendländischen Vorstellungen

**Platon war der Schüler von Sokrates** und eröffnete 387 v. Chr. in Athen eine Philosophenschule («Akademie»), zu der auch Aristoteles gehörte. Diese bestand weiter bis ins 6. Jahrhundert und gab den heutigen Akademien den Namen.

Zur Frage der **Unsterblichkeit der Seele** können wir Jugendlichen helfen, Ausschnitte aus dem **Dialog «Phaidon»** zu deuten, in welchem Platon den Sokrates eine Art «Beweis» erbringen lässt für die Existenz der Seelen im Reich der Toten, bevor sie wiedergeboren werden. Auch die bildhafte Beschreibung der «dreiteiligen Seele» im selben Dialog ist für Jugendliche gut zu verstehen.

unterscheidet. So spricht man zum Beispiel im Buddhismus von einem «Bewusstseinsstrom», der sich durch mehrere Leben hindurch in immer neuen Menschen zeigen kann, und nicht von einer irgendwie gearteten «Seele» eines ganz bestimmten Menschen, der dann jeweils ein weiteres Mal geboren wird. Natürlich gibt es im einfachen Volksglauben dennoch auch die Vorstellung, dass «man» sich je nach seinen Taten in einem nächsten Leben in einer besseren oder schlechteren Position wiederfinden werde, aber was es genau ist, das dieses «man» ausmacht, müsste noch genauer untersucht werden.

Doch auch ohne tiefergreifende Studien über das zyklische Denken östlicher Religionen lässt sich die Idee der Wiedergeburt mit Jugendlichen angehen. Wir können dafür Platons mythisch geprägte Seelenvorstellung beiziehen oder einen Ausschnitt aus seinem Dialog «Phaidon» lesen, um danach dessen Logik zu hinterfragen.

Anders als bei der rationaleren Version des Aristoteles lernen wir bei Platon die Seele im Bild eines Wagens kennen, dessen Lenker ein weisses und ein schwarzes Pferd so zügeln muss, dass das Gespann im Gleichgewicht bleibt und dem Sonnenwagen auf seiner Bahn über den Himmel folgen kann. Dabei steht das schwarze Tier für die körperliche, sinnliche Triebkraft, das weisse für den mutvollen Drang nach vorn, und der Wagenlenker stellt die Vernunft dar. Solange er es schafft, das Gleichgewicht zu halten, befindet sich die Seele in Begleitung des (Sonnen-)Lichts, im ewigen Reich der Ideen, des allumfassenden Wissens und Verstehens. Gewinnt aber das schwarze Pferd die Oberhand, wird die Seele in einem neuen Körper auf der Erde ein weiteres Leben in Angriff nehmen müssen. Dabei vergisst sie alles, was sie zuvor geschaut hat, und wenn der Mensch die Welt dann nach und nach kennen lernt, ist es, wie wenn er sich an die absoluten Wahrheiten zurückerinnern würde.

**Ziel solchen fast schon «fachmännischen» Philosophierens mit Jugendlichen** bleibt aber für mich die Klärung von Fragen, welche Bezug zu ihrem aktuellen Leben und Handeln haben, zum Beispiel diese:

- Welchen Einfluss haben unsere Gedanken über die Seele, den Tod und das Danach auf unser alltägliches Leben heute?
- Was würdet ihr vielleicht verändern, wenn ihr wüsstet, dass ihr nur dieses eine Leben hättet und mit dem Tod für euch alles zu Ende wäre?
- Und wenn ihr wüsstet, dass ihr euch nach dem Tod für eure Taten verantworten müsstet, zum Beispiel vor einem göttlichen Gericht oder durch ein weiteres Leben?

Mehr zu solchen Sinnfragen später. Jetzt gehen wir zuerst nochmals etwas zurück zu den kleineren Philosoph/-innen und den Möglichkeiten, beim Thema Tod auch die Trauer mit zu berücksichtigen.

### Den Trauerprozess verstehen und zulassen

Auch die Trauer kann – in wenig oder gänzlich unbelasteten Momenten – in einer Klasse zum philosophischen Thema werden. Häufiger aber wird es darum gehen, einem einzelnen Kind dabei zu helfen, seine Trauer zu verarbeiten. Auch dazu ist es gut, sich als Eltern oder Lehrperson vorgängig ein – diesmal psychologisches – Grundwissen angeeignet zu haben, zum Beispiel mit dem mehrfach neu aufgelegten Buch der Psychoanalytikerin **Verena Kast: Trauern – Phasen und Chancen des psychischen Prozesses** (Kreuz Verlag 2008). Darin beschreibt die Jungianerin den Weg der Psyche vom Nicht-wahrhaben-Wollen oder -Können über die Auflehnung gegen einen grossen Verlust bis zu dem Gefühl der schmerzhaften Leere, in die hinein allmählich dann etwas Neues wachsen kann. Wer schon einen Trauerfall zu verarbeiten hatte, wird sich in der Schilderung dieses Prozesses bestimmt wiederfinden.

Wer Kindern, um ihnen Trauer zu ersparen, bei Fragen rund um den Tod in vermeintlich guter Absicht ausweicht, tut ihnen meist keinen Gefallen, denn allzu schnell ziehen Kinder daraus falsche Schlüsse: Offenbar sei der Tod etwas Böses, etwas, worüber man nicht reden dürfe. Um es nicht so weit kommen zu lassen, sollten wir besser Gelegenheiten ergreifen oder sogar schaffen, wo wir über die Trauer ohne direkte Betroffenheit sprechen können. Wenn zum Beispiel im Schulzimmer oder zu Hause Hamster oder Meerschweinchen gehalten werden, müssen die Kinder frühzeitig erfahren, dass diese Tiere meist nur wenige Jahre leben und wir uns irgendwann von ihnen werden verabschieden müssen. Das ist zwar traurig, aber wichtig zu verstehen, und es ist eine gute Gelegenheit, das Gefühl der Trauer (im Unterricht) *philosophisch* zu thematisieren. Dabei geht es – wie schon beim Philosophieren über die Gefühle Wut oder Angst – nicht um das akute Gefühl eines einzelnen Kindes, sondern um Fragen wie diese: **Darf man eigentlich traurig sein? Ist Trauer schlecht? Sollte man sie möglichst vermeiden? Warum vielleicht nicht?**

Ist aber einem Kind gerade kürzlich ein geliebtes Haustier gestorben, dann ist unsere *psychologische Sensibilität* gefragt. Da ist es vor allem wichtig, dass wir die Trauer nicht banalisieren, sondern dem Kind bestätigen, wie weh es tun kann, wenn man jemanden verliert, den man sehr geliebt hat, und sei dies auch «nur» ein Tier. Für Kinder sind ihre Haustiere nämlich oft genauso wichtig wie Geschwister oder andere Familienmitglieder! Hilfreich mag jetzt eine liebevolle Beerdigungszeremonie im Garten oder im Wald sein, wobei das Kind zugleich viel Wichtiges über den Umgang mit dem Tod erfahren kann. Auch ein Erinnerungsalbum oder eine schön verzierte Schachtel mit Fotos und Gegenständen darin, die zu dem Tier gehörten, lassen die Verlustgefühle besser ertragen. Und sollten dabei dann Fragen über Sterben, Tod und Himmel auftauchen, darf man getrost auch mit dem Kind ein wenig fantasieren oder sogar – mit Caring Thinking – darüber philosophieren.

Ein wundervolles Bilderbuch hierzu heisst **Adieu, Herr Muffin** (Moritz Verlag 2003).

Geschrieben wurde es von **Ulf Nilsson**, und **Anna-Clara Tidholm** hat es mit zarten Bildern illustriert.

Die Geschichte handelt von einem alten Meerschweinchen namens Herr Muffin, der neben Gurkenscheiben und Mandeln immer wieder Briefchen in seinem Postkasten vorfindet. Darin können wir lesen, welche sorgenvollen Gedanken sich das Kind um ihn macht, weil er dem Tod doch schon sehr nahe ist.

Diese traurige und gleichzeitig tröstliche Geschichte könnte den Einstieg in mehrere philosophische Gespräche mit Kindern über den Tod und die Trauer, über das Leben und die Liebe ergeben!

Das Buch wurde in Schweden als bestes Kinderbuch des Jahres 2002 ausgezeichnet!

Es ist für jedes Kind schwer zu akzeptieren, dass sein geliebtes Tier einmal sterben wird, deshalb ist eine so zarte Geschichte eine ideale Möglichkeit, sich allmählich mit der Tatsache vertraut zu machen und ein Stück weit zu verstehen, wozu es die Trauer gibt. Sie nicht zu haben, würde wahrscheinlich bedeuten, dass einem das verstorbene Tier wenig bedeutet hätte!

Es ist mit der Trauer wie mit der Angst oder der Wut: Wir haben sie zwar nicht so gern, und es ist meistens unangenehm, sie aushalten zu müssen. Aber wäre es wirklich wünschenswert, dass es sie nicht gäbe?

In den Briefchen und zwischen den Zeilen tauchen folgende Fragen auf, die wir während des Lesens der Geschichte zu hilfreichen Gesprächen ausbauen können:

- Stimmt es, dass alte Meerschweinchen plötzlich sterben können? *(Sachfrage)*
- *«Warum gibt es Bienen?»*, fragt sich Herr Muffin, weil seine Frau an einem Stich gestorben ist. *(Sinnfrage: Warum passiert Schlimmes?)*
- Er habe ein gutes Leben gehabt, sagt Herr Muffin: Was heisst das für ein Meerschweinchen? *(praktische Frage mit Bedeutung für die Haltung eines Tieres)*
- Warum kann die Tierärztin nicht helfen? *(Realitäten akzeptieren lernen)*
- Tut Sterben weh? Wie geht es vor sich? *(Gefühle und Fakten beachten!)*
- Trifft man früher Verstorbene wieder? Wie könnte das sein? *(philosophieren, spekulieren und wünschen)*
- Gibt es einen Himmel für Tiere? Und für uns? Wo ist der? *(fantasieren, malen)*
- Welcher Himmel ist wohl gemeint? Der Sternenhimmel? Der Wolkenhimmel? *(Begriffsklärung)*
- Muss man Angst haben vor dem Tod? Warum (nicht)? *(philosophieren)*
- Was hat Liebe mit Trauer zu tun? Wie hängen die Gefühle zusammen? *(Logik!)*
- Wie geht man mit einem toten Tier um? Weshalb? *(praktische Hilfen geben und Gefühle ernst nehmen)*
- Wie macht man eine Beerdigung? Was gehört dazu? *(Informationen sammeln)*
- *«Jetzt weisst du mehr als wir, Herr Muffin, oder ...?»* steht im letzten Brieflein. Was denkt ihr: Was würde Herr Muffin wohl erzählen?

Versuchen Sie nicht, die Trauer vorschnell mit einem neuen Tier zu überbrücken oder einem Kind seine Wut über das Auto, das die Katze totgefahren hat, auszureden. Es hilft mehr, wenn Sie ihm bestätigen, dass sein Gefühl berechtigt ist und dass man traurig und auch wütend sein darf. Wichtig ist vor allem, dass Sie das Kind mit seinem Gefühl nicht allein lassen. Fordern Sie es auf, zu erzählen von all dem Schönen, das es mit dem Tier erlebt hat, laden Sie es ein zu malen oder selber ein Brieflein zu schreiben, bleiben Sie im Gespräch über das Tier, sooft das Kind mag. So wird die Trauerarbeit zu einer wichtigen, wenn auch schweren Erfahrung, die als Bereicherung zum Leben gehört.

Mehr über den philosophischen Umgang mit Kinderfragen mithilfe von Bilderbüchern zum Thema Tod und Sterben steht in meinem Buch «Philosophische Reise». Auf der Käuzli-Website **www.kinderphilosophie.ch** finden Sie ein kommentiertes Literaturverzeichnis für religiöse Themen.

**«Mama, ich will nicht sterben!» – Vom Sinn des Todes**

Mit Kindern über den Tod sprechen beschränkt sich nicht auf die Hilfe im Trauerfall und auf praktische Informationen oder philosophische Begriffsarbeit. Spätestens mit der Pubertät, wenn sich die Jugendlichen mit ihrer Identität beschäftigen, tauchen existenzielle Fragen auf, die uns alle ein Leben lang weiter begleiten, ob wir sie nun beachten oder verdrängen: Wer bin ich eigentlich und wozu bin ich auf der Welt? So rief mich die Mutter eines zehnjährigen Mädchens einst an, weil sie nicht wusste, wie sie mit ihrer Tochter reden sollte. Das Kind bedränge sie seit Wochen fast täglich mit dem gleichen verzweifelten Appell: *«Mama, ich will nicht sterben!»* Sie habe ihr bereits mehrfach erklärt, dass es keinen Grund gäbe, sich so zu sorgen. Sie sei doch gesund, und wenn sie auf dem Schulweg keine Dummheiten mache, müsse sie auch nicht gleich einen tödlichen Unfall befürchten. Doch die Tochter war nicht zu beruhigen. Ich vermutete damals, dass sich dieses Kind mit zehn Jahren erstmals so richtig deutlich bewusst wurde, dass der Tod unausweichlich ist – obwohl sie natürlich schon längst davon gehört hatte, dass alle Lebewesen einmal sterben würden. Dass dies aber auch für sie selber, für ihre jugendliche Person, die sie gerade am Entwickeln war, genauso zutreffen würde, erschien ihr als absoluter Skandal, gegen den sie sich auflehnen musste. Sie sagte deshalb auch nicht, sie hätte Angst vor dem Tod, sondern betonte nur immer wieder: «Ich *will* nicht sterben!» Leider können wir jungen Menschen solche bitteren Erkenntnisse nicht ersparen: Unser – ansonsten vielleicht freier – Wille endet vor der Tatsache, dass der Tod uns allen bevorsteht. Ich riet der Mutter deshalb, sich mit der Tochter zu solidarisieren und ihr zu bestätigen, dass ihr «Protest» berechtigt sei. Das würde die Sache zwar nicht leichter machen, aber vielleicht mit der Zeit erträglicher erscheinen lassen. Und wenn wir den alten Griechen glauben wollen, kann das Philosophieren helfen, die Tatsache unserer Endlichkeit allmählich zu akzeptieren und vielleicht sogar einen Sinn darin zu erkennen.

Viele alte Geschichten wie zum Beispiel das **Grimm-Märchen vom «Gevatter Tod»** erklären den Sinn des Todes. Sie erzählen in mythischen Bildern davon, wie es wäre, wenn man den Tod austricksen oder sonst wie vermeiden könnte, und alle kommen zum Schluss: Das wäre gar nicht wünschenswert! Kleinere Kinder nehmen diese Weisheit normalerweise ohne Probleme und «Übersetzung» in rationale Sprache entgegen. Mit Pubertierenden aber lohnt es sich, solche Geschichten philosophisch zu durchleuchten:

**Grundfrage: Was wäre, wenn es den Tod nicht gäbe?**
**Mögliche Hebammenfragen dazu für Kinder ab etwa neun Jahren:**

- Wo und wie kommt der Tod eigentlich vor?
- Können auch Steine sterben? Weshalb nicht?
- Wie unterscheidet sich ein totes von einem lebendigen Tier? *(Erfahrungen der Kinder mit Haus- oder anderen Tieren erleichtern das Verständnis.)*
- Wann ist eigentlich eine Pflanze tot? Im Winter? *(vermuten und begründen lassen)*
- Lebt eine Tulpenzwiebel? Lebt ein Apfel? Wann sterben diese?

- Wann gilt ein Mensch als tot? *(Für klare Informationen sorgen! In früheren Jahrhunderten war es beim Atemstillstand, dann beim Herzstillstand, dem «klinischen» Tod, und heute gilt das unumkehrbare Stoppen der Hirnströme als Kriterium.)*
- Was geschieht dann eigentlich mit dem Körper? *(Klare Informationen sind nötig, und Gruselmärchen wie das von den Würmern im Grab müssen ausgeräumt werden!)*
- Was geschieht mit dem Unsichtbaren, der «Seele», mit dem Leben oder der Energie des Menschen? *(Dafür wäre das Kerzenexperiment sinnvoll!)*

- Was könnte gemeint sein mit einem Leben nach dem Tod?
- Was habt ihr schon darüber gehört? Wie stellt ihr es euch vor?
- Gäbe es dort den Tod vielleicht nochmals? *(wie bei Astrid Lindgrens »Brüdern Löwenherz»)*
- Wem von euch würde das gefallen? Wieso (nicht)?

- Was wäre, wenn kein Mensch je stürbe?
- Und wenn auch keine Tiere sterben würden?
- Wie wäre es für euch, wenn ihr wüsstet, dass ihr nie sterben würdet?
- Warum möchtet ihr (nicht) ewig leben?
- Was bedeutet denn überhaupt «ewig» genau?
- Was würde geschehen, wenn wir wählen könnten, ob wir sterben oder ewig weiterleben wollen? Warum?
- Was macht es für euer Leben aus, wenn ihr wisst, dass es ein Ende haben wird?
- Was würde sich, was würdet ihr vielleicht verändern in eurem Leben?
- Wie alt muss man eigentlich werden, damit ein Leben als sinnvoll bezeichnet werden könnte?

Mit dem letzten Frageblock sind wir bei einem Thema angelangt, über das sich Kinder vielleicht noch eher selten Gedanken machen, aber Jugendliche und auch erwachsene Menschen kommen kaum um diese ganz grossen Fragen herum. Wenn uns bewusst wird, dass unser Leben begrenzt ist, dass es unausweichlich mit dem Tod enden wird, spätestens dann werden wir uns vermutlich zu fragen beginnen, wie wir die Zeit davor sinnvoll verbringen wollen. So will ich mich denn zum Schluss der ganz grossen Frage nach einem vielleicht möglichen Sinn des Lebens widmen. Und obwohl ich auch hierfür wieder zwei sehr spezielle Bilderbücher nutzen werde, möchte ich diesmal die Fachterminologie der Philosophen verwenden, so wie sie beim Philosophieren mit Jugendlichen – zum Beispiel in Deutschland – eingesetzt wird.

## Philosophieren mit Jugendlichen über Lebenssinn und Identität

Die Fragen nach dem Sinn unseres Handelns, nach dem Sinn all dessen, was uns zustossen kann, nach dem Sinn des Lebens überhaupt – diese Fragen beschäftigen uns gewöhnlich vor allem in Zeiten des persönlichen Umbruchs oder angesichts von Grenzerfahrungen und Schicksalsschlägen: Warum musste das passieren? Weshalb hat es ausgerechnet mich getroffen? Was soll das alles?

Heranwachsende stossen zum Beispiel auf Sinnfragen, wenn sie vor der Berufswahl stehen und sich fragen: Wie soll ich mich entscheiden? Was soll aus mir werden? Wer bin ich denn überhaupt? Schaffe ich das alles? Und vielleicht überlegt sich der eine oder die andere sogar: Lohnt es sich denn überhaupt, die Mühe auf sich zu nehmen und weiterzulernen, wenn am Ende ja doch der Tod auf uns alle wartet? Sollten wir angesichts dieser Tatsache nicht einfach auf den Putz hauen und das Leben in vollen Zügen geniessen?

Die Frage nach dem Lebenssinn ist aber nicht losgelöst von der Frage nach unserer Identität und der Individualität zu bearbeiten. Sie verlangt, dass wir bereit sind, auch über uns selber zu reflektieren.

Die Frage **Wozu bin ich auf der Welt?** lässt sich nicht getrennt von der zweiten diskutieren: **Wer bin ich denn eigentlich?** Und mittels der folgenden Methoden können wir gemeinsam mit Jugendlichen darüber philosophieren:

## Das «Fünf-Finger-Modell» des sokratischen Philosophierens

Auch beim Philosophieren mit Jugendlichen bewähren sich die bisher angewandten «Werkzeuge der schlauen Denker». Doch nun können sie hoffentlich schon etwas genauer verstanden und eingesetzt werden.

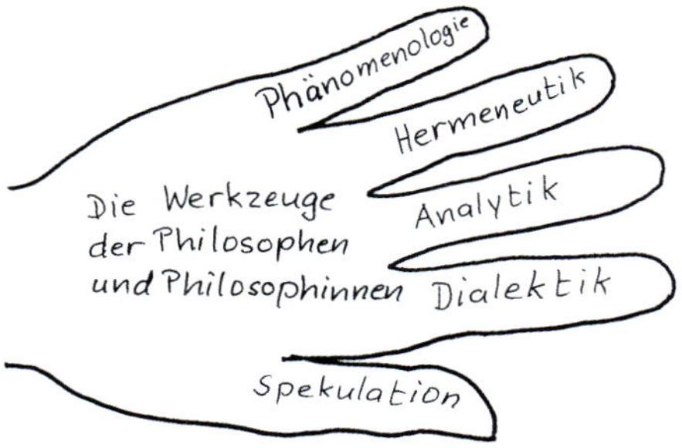


* Vergleiche **Barbara Brüning/Ekkehard Martens (Hrsg.): Anschaulich philosophieren, S. 13/14.** Beltz 2007

**Professor Dr. Ekkehard Martens,** einer der Gründerväter der deutschsprachigen Kinderphilosophie, beschreibt sie in der Fachsprache der Philosophen wie folgt:

### Das «Fünf-Finger-Modell»*

- **Phänomenologische Methode:**
  Von brüchig gewordenen Alltagserfahrungen ausgehen, differenziert und umfassend beschreiben, was ich beobachte, erfahre, wahrnehme oder bei mir denke …
  *(Dies entspricht zum Beispiel dem Werkzeug W, siehe S. 37.)*

- **Hermeneutische Methode:**
  Die eigenen, alltäglichen Ansichten, aber auch Deutungsmuster und Lehrmeinungen aus literarischen, religiösen, künstlerischen ... Traditionen heranziehen; verstehen, was und wie etwas verstanden wird.

- **Analytische Methode:**
  Zentrale Begriffe und Argumente, Annahmen, Schlüsse ... überprüfen und Widersprüche aufdecken.
  *(Werkzeuge A, F, W, S und G)*

- **Dialektische Methode:**
  Unterschiedliche Positionen und Wertungen zuspitzen und gegeneinander abwägen, Pro und Kontra diskutieren und Aporien (Unmöglichkeiten der Entscheidung) aushalten.
  *(Wir benutzen die Werkzeuge S und G.)*

- **Spekulative oder intuitiv-kreative Methode:**
  Neue Hypothesen kreativ nutzen, spielerisch ausprobieren; Einsichten formulieren und Urteile fällen, die prinzipiell als revidierbar und unabschliessbar betrachtet werden …
  *(Fantasie mit Logik verbinden)*

**Hermeneutik:** Das Wort ist vom griechischen Götterboten Hermes abgeleitet, der den Menschen die Botschaften der Götter übermitteln und wohl auch ein wenig übersetzen musste. Diesen Vorgang nennt man Hermeneutik oder **Deutung**. Fachleute der Philosophie benutzen die Hermeneutik ebenso wie die Theologen, wenn sie zu verstehen versuchen, was gemeint sein könnte mit einem Text der Überlieferung. In Ansätzen wenden wir sie schon bei der Arbeit mit Kinderbüchern an, wenn wir mit den kleineren Philosophen und Philosophinnen die Bilder genau ansehen und beschreiben.

Mit Benutzung dieser Begrifflichkeit nähert sich die Kinderphilosophie etwas mehr jener Philosophie an, wie sie die Fachleute betreiben. Dies mag den differenzierteren intellektuellen Fähigkeiten von Gymnasiasten und Gymnasiastinnen entgegenkommen. Auch wer es mit philosophisch schon etwas geübteren anderen Teenagern zu tun hat oder gern im Freundeskreis philosophiert, kann vom Wissen um diese Methoden profitieren.

Wie man die «Fünf-Finger-Methode» in den Gesprächen mit (Kindern oder) Jugendlichen gewinnbringend anwendet, sollen die nun folgenden Beispiele verdeutlichen, in denen uns zwei anspruchsvolle philosophische Bilderbücher die grossen Zusammenhänge zwischen Tod, Lebenssinn und Identität erahnen und erschliessen lassen.

### Wozu bist du auf der Welt?

Dies ist **die grosse Frage**, die **Wolf Erlbruch** in seinem genialen Bilderbuch mit diesem Titel (Peter Hammer Verlag 2004) zwar nie stellt, dafür aber von den verschiedensten Persönlichkeiten, Tieren und sogar von einem Stein beantworten lässt: *«Du bist da, um da zu sein»*, orakelt zum Beispiel der mächtige, schwere Brocken mit Überzeugung. Der Vogel aber zwitschert mit frühlingshafter Prägnanz: *«Um dein Lied zu singen, bist du da!»*, während die Ente mit dem goldenen Schnabel und ebenso goldenen Watschelfüssen die für sie absolut überflüssige Frage vorerst locker abtut: *«Ich habe überhaupt keine Ahnung.»* Vorerst. Denn in Erlbruchs nächster Geschichte **Ente, Tod und Tulpe** (2007 bei Kunstmann erschienen) trifft sie den Tod persönlich an, dieselbe sanft dreinblickende Personifizierung, die im ersten Buch auf die grosse Frage gemahnt hat: *«Um das Leben zu lieben, bist du auf der Welt!»*

Wenn Jugendliche gelernt haben, Bilder zu deuten, sind diese beiden Bücher wahre Schatzkisten voller Tiefsinn und Erkenntnismöglichkeiten, die selbst uns Erwachsenen viel zu denken geben. Ich benutze die beiden Geschichten deshalb sogar bei meinen Studierenden oder in Elternkursen, um über die grössten Fragen zu philosophieren.

**Die Sinnfrage!** Angesichts des Begreifens, dass wir alle dereinst sterben werden, kommen nicht einmal an sich zufrieden vor sich hin lebende Menschen (wie Erlbruchs – wörtlich und bildlich – etwas kleinkarierte Ente) um die Frage herum. Als sie nach der ursprünglichen Unbekümmertheit (das Wissen um) den Tod endlich doch in ihr Bewusstsein treten lässt, erschrickt sie zuerst einmal heftig und befürchtet, er werde sie jetzt gleich holen. Doch er versucht sie zu beruhigen, indem er erklärt: *«Ich bin schon in deiner Nähe, solange du lebst – nur für den Fall.»* Aber: *«Daran mochte die Ente nicht einmal denken, davon bekam sie Gänsehaut.»* Die freundlich dargestellte Persönlichkeit des Todes, die es nicht nur der Ente ermöglicht, ihm in die Augen zu blicken, begleitet uns ja tatsächlich alle ganz still auf unserem Lebenspfad. Fast wie die Ente, die davon sogar «Gänsehaut» bekommt, wollen wir dies oft nicht wahrhaben. Aber wie sie können wir während der Lektüre allmählich verstehen, dass er nicht das Schreckliche oder gar Böse schlechthin verkörpert, dass er nicht auftaucht, um uns brutal aus dem Leben zu reissen. Er ist – Tatsache! – einfach nur da *«für den Fall»*. Für die *«Un-Fälle»* sorge schon das Leben, sagt er.

Das Wissen um seine Anwesenheit regt die Ente – und uns – an, über das Sterben nachzudenken, über Himmel, Hölle, Wiedergeburt ... Dies aber führt uns unweigerlich auch zu Gedanken über die Zeit *vor* dem körperlichen Ende.

## So wird das Nachdenken über den Tod zum Philosophieren über das Leben!

Am Ende der Geschichte legt der Tod die gestorbene Ente behutsam auf den Fluss, die Tulpe mit hängendem Kopf gibt er ihr mit. Auch für sie ist die Zeit abgelaufen. Und er schaut der Ente lange nach. *«Als er sie aus den Augen verlor, war der Tod fast ein wenig betrübt. Aber so war das Leben.»* Und schon streichen ihm auf der allerletzten Seite Fuchs und Hase um die Beine ...

Die folgenden Ausschnitte können uns zum Philosophieren anregen:

**Wir üben zum Beispiel in «Die grosse Frage» von Erlbruch die Hermeneutik:**

- Wenn wir wahrnehmen, wie der kleine Junge mit der goldenen Krone auf seinem Kopf die fünf goldenen Flämmchen auf seiner Geburtstagstorte mit hingebungs- und wohl auch erwartungsvoll zugekniffenen Augen ausbläst, dann fragen wir uns und versuchen zu verstehen, was der Autor Erlbruch mit der goldenen Farbe wohl andeuten wollte. *«Um Geburtstag zu feiern, bist du auf der Welt»*, lässt er den Bruder sagen. Was soll daran so besonders sein, dass es als Sinn wahrgenommen wird?
- Wenn wir bemerken, dass die Ente mit den goldenen Füssen und dem goldenen Schnabel im Übrigen mit einem ganz kleinkarierten Leib dargestellt wurde, wie wenn man ihn aus der Seite eines Schulheftes gerissen hätte, überlegen wir: An welche Art Mensch hat Erlbruch dabei wohl gedacht?
- Eine goldene Drei gibt zu bedenken: *«Du bist auf der Welt, damit du eines Tages bis drei zählen kannst.»* Wie könnte diese seltsame Antwort zur grossen Frage des Lebenssinns passen? Und in welcher Lebensphase trifft sie vielleicht zu?

**Analytisch überprüfen wir zum Beispiel die Logik in den Aussagen des Todes:**

- In der zweiten Geschichte nimmt die Ente den Tod nun endlich zur Kenntnis und fragt ihn, was nach dem Tod denn geschehe: *«Manche Enten sagen, dass man zum Engel wird und auf einer Wolke sitzt und runter auf die Erde gucken kann.» «‹Gut möglich›, sagte der Tod. ‹Flügel habt ihr ja immerhin schon.›»*

- Als die Ente mit dem Tod einen Baum erklettert hat, sieht sie ihren Teich von oben und sinniert: *«So ist es also, wenn ich tot bin. Der Teich – allein. Ganz ohne mich.» «Wenn du tot bist, ist auch der Teich weg – zumindest für dich», entgegnet ihr der Tod darauf. «Weisst du das genau?» – «So genau, wie man etwas wissen kann.»*

**Hier könnte natürlich auch die Spekulation einsetzen, gekoppelt mit widersprechender Dialektik:**

- Was spricht dafür, was spricht dagegen, dass man nach dem Tod auf den Wolken (also noch viel weiter oben als der Baumwipfel, auf dem das Gespräch stattfindet) herumsitzt und auf die Welt hinunterschauen kann?
- Warum eigentlich bringt man das allfällige «Leben» (Begriffsanalyse nötig!) nach dem Tod meist mit etwas in Verbindung, das in der Höhe stattfindet, es sei denn, man *«brate in der Hölle, wenn man keine gute Ente war». «Erstaunlich, was ihr Enten euch so erzählt – aber wer weiss»*, entgegnet da der Tod.
- *«‹Du weisst es also auch nicht!›, schnatterte die Ente. Der Tod schaute sie nur an.»* Wie kann man überhaupt eine Aussage über dieses «Leben danach» machen, da bisher ja niemand zurückgekehrt ist?

Dieses letzte Argument wird häufig von jenen Leuten vorgebracht, die den Tod ungern in ihren Gedankenhorizont einlassen, so wie anfänglich die Ente! Jugendliche wenden manchmal auch ein: Ich lebe jetzt, und der Tod ist noch weit weg, was soll ich mir also darüber den Kopf zerbrechen? Natürlich ist niemand dazu verpflichtet, jederzeit über den Tod nachzudenken, und es gibt sicherlich Zeiten, wo dies auch nicht sinnvoll ist. Doch vielleicht ändert sich für uns etwas *im Leben*, wenn wir uns trauen, den Tod wenigstens ab und zu ins Bewusstsein zu lassen? Wenn wir nicht leben, als hätten wir unbegrenzte Zeit zur Verfügung?

Jugendlichen, denen das Hier und Jetzt unter den Nägeln brennt, mag sich die Sinnfrage vielleicht häufiger etwas anders stellen: Wer bin ich denn jetzt, in diesem Leben hier? Was kann ich? Was will und was soll ich? Wo und wie bekomme ich eine Chance auf ein Leben, das mir entspricht?

Die beiden Bilderbücher von Erlbruch bieten einen weiten Spielraum für so wichtige Aspekte der Sinnfrage. «Die grosse Frage» lässt uns insbesondere philosophieren über den **Zusammenhang von Sinn und Identität**.

***«Um dein Lied zu singen, bist du da!»***

Wieder bilden **hermeneutische Blicke** auf die Bilder den Anlass zu mäeutischen (Mäeutik: Hebammenkunst) Fragen an die Jugendlichen:

- Weshalb hat der Vogel keine gewöhnlichen Federn, sondern ein Kleid aus Musiknoten?
- Warum ist es gerade der Stein, der sagt: *«Du bist da, um da zu sein?»*
- Vielleicht fällt uns auf, dass der leicht tollpatschige, liebenswürdig dreinblickende Hund als Einziger seine Antwort mit einem unsicheren *«Ich glaube, man ist zum Bellen auf der Welt»* einleitet. Warum hat Erlbruch dies wohl so formuliert?

- **Wir spekulieren** darüber, wem wir die Antwort *«Um Geduld zu haben, bist du auf der Welt»* unterstellen würden (dem Gärtner).
- Zu wem passte wohl: *«um zu vertrauen ...»* (zum Blinden) oder *«um die Wolken zu küssen ...»* (zum Piloten)?

- **Wir hinterfragen dialektisch,** ob die Antwort der Grossmutter – sosehr sich ein Kind darüber freuen mag – wirklich eine Antwort auf die grosse Frage *des Kindes* sei: *«Natürlich bist du auf der Welt, damit ich dich verwöhnen kann!»*

- **Oder wir analysieren und argumentieren**, ob und auf welche Weise Gehorsam (des Soldaten) tatsächlich manchmal auch eine mögliche Antwort sein könnte. Bliebe denn da nicht die Freiheit auf der Strecke?

Schliesslich versuchen wir, uns mit ganz grundsätzlichen Fragen einer persönlichen, vorläufigen Antwort anzunähern:

- **Womit also könnte der Sinn eines jeden Lebens zu tun haben?**
- Welche Schlüsse können wir aus den vielen doch so unterschiedlichen Antworten ableiten?

**Hier ein paar Antworten von Jugendlichen, die mit der Geschichte philosophiert haben:**

- *Jeder tut eben das, was er am besten kann, was zu ihm passt.*
- *In unserem Alter steht wohl die Antwort der «Drei» im Vordergrund: Wir müssen noch so viel lernen!*
- *Mir liegt der Boxer am nächsten («Du bist da, um zu kämpfen!»), ich muss zur Zeit nämlich sehr kämpferisch vorgehen und Ausdauer beweisen auf der Lehrstellensuche!*
- *Ich glaube, im Laufe des Lebens werden immer wieder andere Antworten wichtig sein, schliesslich verändern wir uns ja auch ständig ...*

Mit dieser letzten Aussage berührte die Jugendliche das seltsame Phänomen, dass wir uns zwar tatsächlich und stetig verändern – und dies nicht nur äusserlich –, dennoch bleiben wir offenbar immer dieselben: das Rätsel der Identität! Könnte es sein, dass der Sinn des Lebens ganz einfach darin besteht, der oder die zu sein – oder zu werden –, der/die man ist? Und vielleicht schon immer war? Und möglicherweise auch immer sein wird?

Ein letztes Mal möchte ich dazu Erlbruchs «grosse Frage» bemühen. Nach all den unterschiedlichen, aber immer für das betreffende Individuum typischen Antworten ist die zweitletzte Seite seines Buches nämlich einfach leer! Welche Antwort hier stehen könnte, hängt eben vor allem davon ab, wer sie gibt, und da «wir uns schliesslich immer wieder verändern», wie einer der Jugendlichen festgestellt hatte, müsste das Buch eigentlich noch viele leere Seiten haben! Stattdessen steht über vielen leeren Linien auf der allerletzten Seite:

***«Im Laufe deines Lebens wirst du noch viele Antworten auf die grosse Frage finden. Hier kannst du sie aufschreiben!»***

## Schatzkiste für unsere philosophischen Fragen

## 10. Im Laufe deines Lebens wirst du noch viele *Fragen* stellen …

Der Schluss von Erlbruchs «grosser Frage» hat mir so gut gefallen, dass ich die Idee gewissermassen übernehmen möchte für mein Buch, denn was würde besser passen zur Offenheit und Unabschliessbarkeit des philosophischen Denkens als ein paar – noch – leere Linien?

Natürlich brauchen wir im Leben immer wieder zumindest vorläufige Antworten, ein Stück festen Boden unter den Füssen, um die nächsten Schritte zu tun. Manche dieser Antworten sind verlässlich und von so hoher Wahrscheinlichkeit, dass wir sie getrost als wahr ansehen können: Die Sonne wird auch morgen wieder aufgehen, selbst wenn sie von Wolken verhüllt sein sollte; Dinosaurier haben vor Millionen von Jahren die Erde bevölkert, auch wenn noch lange kein Mensch dabei war, um sie zu fotografieren; alles, was lebt, wird einmal sterben …

Andere Antworten sind niemals beweisbar, und doch mag es helfen, das Leben und alles, was einem darin zustossen kann, vielleicht besser zu ertragen und zu meistern: Dass es möglicherweise eine höhere Macht gibt, deren Pläne wir nicht durchschauen können; dass uns nach dem Tod hoffentlich ein gnädiger Gott empfangen wird, der weiss, dass man als Mensch nie perfekt sein kann; oder dass eine allumfassende Weisheit das Universum durchströmt.

Beim Philosophieren darf man allenfalls Antworten erwarten, die uns die Logik nahelegt, die unserem Verstand einleuchten, oder solche, welche grosse Denkerinnen und Denker so gründlich bearbeitet haben, dass auch die kleineren Philosophen und Philosophinnen davon profitieren können. **Aber mehr als alle Antworten** – und mögen sie noch so gescheit sein – **sind es die Fragen selbst, die uns im Leben wirklich weiterbringen**. Sich mit ihnen zu beschäftigen, ermöglicht, dass wir Schritt für Schritt einen selbstbestimmten Weg durch unser Leben gehen können. Dies wünsche ich all meinen Leserinnen und Lesern und all den Kindern und Jugendlichen, mit denen sie zu tun haben.

Und so möchte ich Ihnen allen zum Schluss eine leere Schatzkiste anbieten, in der Sie die besonderen **Fragen** Ihrer Kinder – und natürlich auch Ihre eigenen – sammeln können, um sich ab und zu daran zu erinnern und wieder einmal darüber zu staunen. Vielleicht fangen Sie dann irgendwann plötzlich nochmals an, gemeinsam zu philosophieren. Und sollten Sie damit schöne Erfahrungen machen, so würde ich mich über ein Brieflein (Ihres Kindes) von Herzen freuen.

Eva Zoller Morf

**s'Käuzli**

**Schweizerische Dokumentationsstelle für Kinder- und Alltagsphilosophie mit integrierter Versandbuchhandlung am Kirchrain 2 in CH – 8479 Altikon, Schweiz. 1987 gegründet und geleitet von Eva Zoller Morf.**

**Sie erreichen mich ab und zu am Telefon +41 (0)52 336 22 33 oder per mail@kinderphilosophie.ch, oder besuchen Sie s'Käuzli auf www.kinderphilosophie.ch.**

**Auf der Website stehen weitere Informationen über das Philosophieren mit Kindern und Jugendlichen, zum Beispiel Literaturlisten zu Kinderbüchern und Fachliteratur sowie ein Veranstaltungskalender voller philosophischer Angebote.**

**Auf der Bilderbuchliste bemühe ich mich jeweils um Ersatzvorschläge zu den philosophischen Themen dieses Buches, weil manche der genannten Titel möglicherweise in ein paar Jahren nicht mehr auf dem Markt sein werden.**

## Philosophische Kinder- und Jugendliteratur zu den grossen Fragen

### Zu Tod, Seele und Trauer …

**Daniela Tausch-Flammer/Lis Bickel: Wenn Kinder nach dem Sterben fragen – Ein Begleitbuch für Kinder, Eltern und Erzieher**
Herder spektrum 2006
Psychologisches Grundwissen und praktische Hilfe für den Trauerfall, wenn das Philosophieren nicht im Vordergrund steht.

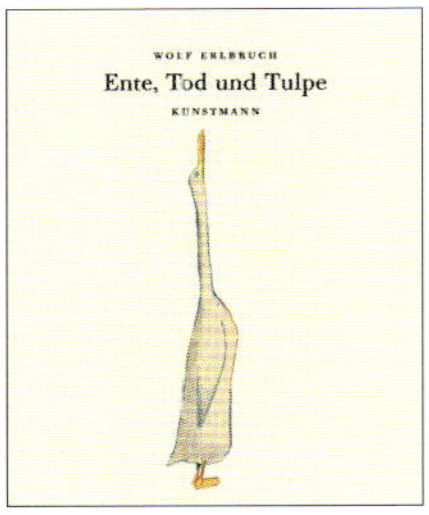

**Wolf Erlbruch: Ente, Tod und Tulpe**
Kunstmann 2007

**Wolf Erlbruch: Die grosse Frage**
Peter Hammer Verlag 2004

**Jutta Bauer: Opas Engel**
Carlsen 2003

**Brigitte Labbé/Michel Puech: Denk dir die Welt – Philosophie für Kinder**
Loewe 2007. Erklärungen und Denkanregungen zu Leben/Tod, Gott/Götter, Frei/Unfrei, Glück/Unglück, Gut/Böse, ab etwa 10 Jahren geeignet zum Selberlesen oder für Lehrpersonen zur eigenen Vorbereitung (vgl. Ethikbuch von Labbé Seite 103).

### … und weiteren grossen Fragen für Kinder und Jugendliche und deren Eltern oder Lehrpersonen

**Zwei weitere Meisterwerke von Antje Damm**
nach dem Muster von «Ist 7 viel?» (siehe Literaturverzeichnis Teil I, S. 29) im Moritz Verlag:

**Alle Zeit der Welt** 2008

**Nichts und wieder nichts** 2009

Beide bieten eine Fülle von vortrefflichen Fotos und Zeichnungen zu den metaphysischen Rätseln von Raum und Zeit, die kleine und grosse Philosophinnen und Philosophen zum Nachdenken auffordern.

**Jackie French/Terry Denton: Das kleine Buch der grossen Fragen – Philosophie für Kinder**
Boje 2008. *«Auf originelle und unterhaltsame Weise gibt Jackie French Antwort auf die grossen Fragen des Lebens … Augenzwinkern inklusive!»*, steht auf dem Buchdeckel.

## Zu diesen (Bilder-)Büchern und Fragen finden Sie Gesprächsanleitungen oder Denkspiele:

### In Teil I

**Lila Prap: Warum?** S. 39
Denkspiele zum Üben des Begründens

**Hans Fischer: Pitschi** S. 44
Wie findet man heraus, wer man ist?

**Iskender Gider/Martina Schlossmacher:**
**Das schwarze Huhn** S. 46
Darf man «besonders» sein?
Wie sollten wir mit Aussenseitern umgehen?

**Guido van Genechten: Nicki** S. 52
Warum sind wir nicht alle gleich?

**Peter Spier: Menschen** S. 57
Was ist der Mensch?
Wie verschieden kann man Mensch sein?

**Helme Heine: Der Club** S. 57
Wie gehören Kopf, Herz und unser «Hand-eln» zusammen?

### In Teil II

**Stephan Brülhart:**
**Prinz Fridolin darf alles** S. 63
Welche Wünsche sind sinnvoll?

**Aliki: Gefühle sind wie Farben** S. 74
Wie finden wir eine Sprache für Gefühle?

**Martin Waddell/Barbara Firth:**
**Kannst du nicht schlafen, kleiner Bär?** S. 76
Muss man die Angst immer vertreiben?

**Annegert Fuchshuber:**
**MauseMärchen – Riesengeschichte** S. 76
Wie gehören Mut und Angst zusammen?

**Lorenz Pauli/Kathrin Schärer:**
**mutig, mutig** S. 78
Was ist wirklich mutig?

**Mireille d'Allancé: Robbi regt sich auf** S. 81
Was darf die Wut, und was darf sie nicht?

**Stephan Brülhart:**
**Leopold und der Fremde** S. 86
Ist Gehorsam immer gut?
Was sind Vorurteile? Wie wichtig ist Toleranz?

**Hanna Johansen/Käthi Bhend:**
**Die Ente und die Eule** S. 91
Warum streitet man eigentlich? Muss das sein?

**David McKee:**
**Du hast angefangen! Nein, du!** S. 93
Was ist ein guter/ein schlechter Streit?

**Isabel Abedi/Silvio Neuendorf:**
**Blöde Ziege – Dumme Gans** S. 94
Wie könnte man einen Streit beenden?
Wie «geht» Versöhnen?

**Gareth B. Matthews:**
**Philosophische Gespräche mit Kindern** S. 95
Wann ist eine Handlung gerecht?

### In Teil III

**Ed Young: 7 blinde Mäuse** S. 111
Was ist wirklich wahr?

**Amélie Fried/Jacky Gleich:**
**Hat Opa einen Anzug an?** S. 124
Mit Kinderfragen rund um den Tod gut umgehen

**Ulf Nilsson/Anna-Clara Tidholm:**
**Adieu, Herr Muffin** S. 129
Was hilft, wenn man es mit Trauer zu tun hat?

**Wolf Erlbruch: Die grosse Frage** S.134
Wozu sind wir auf der Welt?
Wovon hängt die Antwort ab?

**Wolf Erlbruch: Ente, Tod und Tulpe** S. 134
Müssen wir den Tod wirklich fürchten?